LE CIEL ET LA TERRE

PAR
G. PAUL
ET
HAUSERMAN

PARIS
GUSTAVE GUÉRIN & Cⁱᵉ
ÉDITEURS
22, Rue des Boulangers

4° G
31

ENSEIGNEMENT SPÉCIAL DE LA GÉOGRAPHIE

NOUVELLE MÉTHODE

DE

GÉOGRAPHIE

PAR

G. PAULY

OFFICIER DE L'INSTRUCTION PUBLIQUE

ET

R. HAUSERMANN

OFFICIER D'ACADEMIE

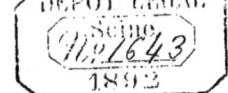

ÉTABLIE D'APRÈS LE PLAN D'ÉTUDES DES ÉCOLES PRIMAIRES SUPÉRIEURES
ET DE L'ENSEIGNEMENT SECONDAIRE

(Arrêtés des 18 janvier 1887 et 28 janvier 1890)

A L'USAGE DES ASPIRANTS ET ASPIRANTES A TOUS LES EXAMENS D'ENSEIGNEMENT PRIMAIRE
SECONDAIRE ET AUX DIVERS CONCOURS POUR L'ADMISSION DANS LES ADMINISTRATIONS PUBLIQUES

COURS SUPÉRIEUR

| Atlas inscrit sur toutes les listes départementales. |

NOUVELLE ÉDITION

PARIS
GUSTAVE GUÉRIN ET Cⁱᵉ, ÉDITEURS
22, RUE DES BOULANGERS, 22

Tous droits réservés.

TABLE DES MATIÈRES

TEXTE

Définition de la géographie.	1
Cosmographie. — Système planétaire.	1
Le Soleil. — Les Planètes. — La Lune.	2
Les Marées. — Le Calendrier.	3
Les Comètes. — Les Étoiles.	4
Constellations.	5
Horizon de Paris. — Alignements.	6
Géographie générale. — La Terre.	6
Sphéricité de la Terre. — Pôles. — Axe. — Equateur. — Hémisphères. — Points cardinaux. — Orientation. — Rose des Vents.	9
Boussole. — Mouvements de la Terre. — Rotation. — Jour. — Révolution. — Année. — Saisons. — Equinoxes. — Solstices. — Cercles de la Terre. — Equateur. — Parallèles. — Méridiens. — Zones.	10
Latitude. — Longitude. — Dimensions de la Terre. — Antipodes. — Zénith. — Nadir. — Horizon. — Surface de la Terre.	11
Représentation de la Terre. — Cartographie. — Globes. — Cartes. — Projections par perspective (*orthographique* — *stéréographique*)	12
Projections par développement (*conique, cylindrique ou de Mercator*). — Echelles. — Orientation des cartes. — Mesures itinéraires	13
Formation de la Terre. — Origine. — Etude de la Terre.	14
Terrains. — Terrains primitifs. — Terrains primaires.	15
Terrains secondaires.	16
Terrains tertiaires.	19
Terrains quaternaires.	20
L'Océan. — Division de l'Océan.	21
Profondeur de l'Océan. — Température. — Composition de l'eau de mer. — Densité de l'eau de mer. — Niveau des mers.	23
Couleur de la mer. — Agitation de la mer. — Marées.	24
Courants.	25
Atmosphère. — Air.	26
Vents. — Nuages.	29
Pluies. — Lignes isothermes, isothères, isochimènes.	30
Climats.	31
Surface de la Terre. — Plaines. — Plateaux.	31
Montagnes. — Volcans.	32
Eaux.	37
Distribution des végétaux sur la Terre.	38
Distribution des animaux sur la Terre.	39
Ethnographie.	43
Histoire de la géographie. — Principales découvertes.	44

TABLE DES MATIÈRES

CARTES

Carte du ciel. (Hémisphère boréal)	7
Carte du ciel. (Hémisphère austral)	8
Planisphère (projection de Mercator)	17
Planisphère géologique	18
— propagations des marées sur les côtes (*carte en noir*)	24
— courants. — Vents. — Pluies	27
— isothermes de l'année	28
— lignes isothères (*carte en noir*)	30
— lignes isochimènes (*carte en noir*)	31
— relief du sol	33
Mappemonde. — Hémisphère occidental	34
— Hémisphère oriental	35
Hémisphères Boréal et austral	36
Planisphère. — Végétaux	41
— Ethnographie. — Races primitives	42

FIGURES

Système planétaire	1
Grandeurs relatives de la Terre et du Soleil	2
Grandeurs relatives des planètes	2
Grandeurs relatives de la Terre et de la Lune. — Phases de la Lune. — Eclipse de Soleil. — Eclipse de Lune. — Action de la Lune sur la mer	3
Zodiaque	5
Exemple d'alignement. — La Terre	6
Pôles. — Axe. — Equateur. — Hémisphères. — Rose des vents. — Orientation pendant le jour — pendant la nuit	9
La Boussole. — Mouvements de la Terre. — Plan de l'Ecliptique. — Cercles de la Terre. — Equateur. — Parallèles. — Zones	10
Méridiens. — Latitude. — Longitude. — Zénith et Nadir	11
Projections orthographique et stéréographique	12
Projections conique et cylindrique ou de Mercator	13
Roches stratifiées. — Roches éruptives	14
Végétaux fossiles. — Animaux fossiles	15
Trilobites. — Ammonite. — Coquille de Belemnite. — Labyrinthodon	16
Ichtyosaure. — Plésiosaure. — Ptérodactyle	19
Mastodonte	20
Mammouth. — Mégatherium. — Dinornis	21

22255. — Imprimerie LAHURE, rue de Fleurus, 9, à Paris.

LE CIEL ET LA TERRE

(1ʳᴱ PARTIE)

Éléments de Cosmographie et de Géographie générale

GÉOGRAPHIE

La **Géographie** est *la description de la Terre*.
Elle comprend 4 sections :
1° La **Géographie mathématique**, dont une partie dépend de la *cosmographie* et de *l'astronomie*, s'occupe des relations de la terre avec les autres corps du système solaire, de ses mouvements propres, de sa configuration et de sa représentation.
2° La **Géographie physique** s'occupe de la constitution du sol (géologie), de son relief (orographie), de la distribution des eaux (hydrographie), des climats (météorologie), des produits du sol (minéralogie, botanique, zoologie).
3° La **Géographie politique** décrit les contrées et leurs habitants (géographie historique, politique proprement dite, ethnologique, linguistique, ethnographique).
4° La **Géographie économique** fait connaître l'industrie, le commerce, les voies de communication et en général toutes les sources de richesse des contrées.

COSMOGRAPHIE

La **Cosmographie** est la description astronomique du *monde* dont la *Terre* n'est qu'une faible partie.

SYSTÈME PLANÉTAIRE

La **Terre**, qui nous paraît si vaste, n'est qu'un des plus petits globes qui errent dans l'immensité de l'Univers dont elle occupe un point presque imperceptible.

Elle fait partie du **système solaire** ou **planétaire** qui comprend le **soleil**, les **planètes et leurs satellites** les **comètes**.

Ce système, qui occupe dans le Ciel un espace dont le dia-

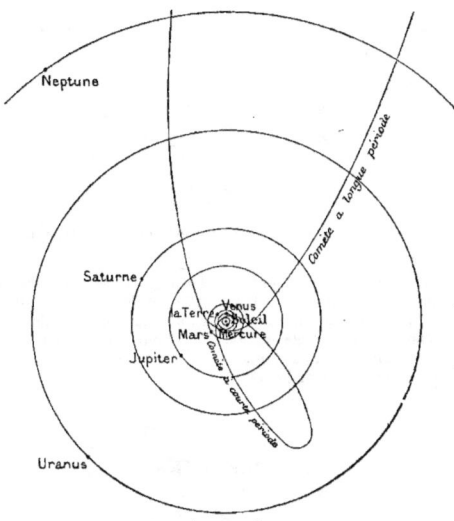

SYSTÈME PLANÉTAIRE

mètre est évalué à 9 milliards de kilomètres, appartient lui-même à un *groupe d'étoiles*.

COSMOGRAPHIE

SOLEIL

Le **Soleil** est l'*étoile* la plus rapprochée de nous; sphérique, comme tous les corps célestes, il est formé d'une masse liquide ou gazeuse, dont la superficie est recouverte d'une atmosphère incandescente et d'une température très élevée. C'est la source de la lumière et de la chaleur et par conséquent de la vie pour tous les corps qui appartiennent au système dont il est le centre.

Il n'est pas fixe; il tourne sur lui-même d'occident en orient en 25 jours et demi.

Sa *distance de la Terre* est en chiffres ronds de 150 000 000 de kilomètres et sa lumière nous parvient en 8 minutes 16 secondes. Sa *circonférence* est de 4 330 000 kil.; son *diamètre* égale 110 fois, sa *surface* 12 000 fois et son *volume* 1 300 000 fois ceux de la Terre.

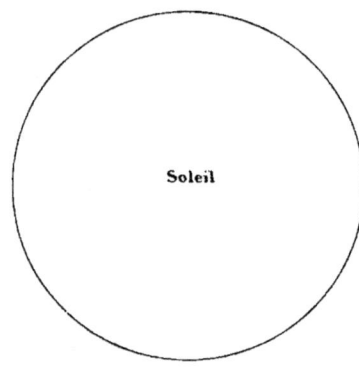

Grandeurs relatives de la Terre et du Soleil

Répandant sa chaleur dans l'espace, mais n'en recevant rien, il doit forcément se refroidir, et l'on peut prévoir que sa température s'abaissant de plus en plus, il finira par s'éteindre, et, que de gazeux, il deviendra liquide, puis solide et se couvrira enfin d'une croûte terrestre, en un mot qu'il deviendra une planète.

PLANÈTES

Les **Planètes** sont des corps sphéroïdaux éclairés et échauffés par le Soleil, autour duquel elles se déplacent tout en tournant sur elles-mêmes. La plupart ont des **satellites**, c'est-à-dire des planètes secondaires qui les accompagnent dans leurs mouvements.

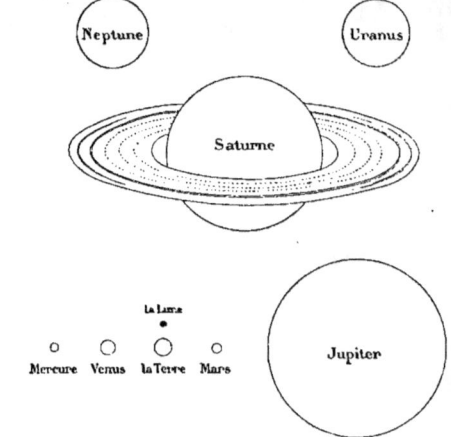

Grandeurs relatives des planètes

Le tableau ci-dessous en donne les principaux éléments par rapport à la Terre.

Noms	Distance du Soleil	Durée des Révolutions	DIAMÈTRE	VOLUMES	Nombre de Satellites
Mercure ☿	0.387	88 jours	0,38	0,054	»
Vénus ♀	0.723	225 jours	0,95	0,868	»
La Terre ⊕	1	1 an	1	1	1 (la Lune)
Mars ♂	1.520	1,88 an	0,54	0,157	»
Planètes télescopiques	de 2,2 à 3,5	de 3 à 6 ans	»	»	»
Jupiter ♃	5.2	11.86	11,16	1389,996	4
Saturne ♄	9,5	29,46	9,53	864,694	8 et anneau
Uranus ♅	19	84	4,22	75,253	6
Neptune ♆	30	165	4,41	85,605	1

LUNE

Mois — Semaines — Éclipses — Marées

La **Lune** est le *Satellite de la Terre;* elle en est *distante* de 380 000 kilomètres (60 rayons terrestres) (exactement 384 354 kil.), c'est 400 fois moins que la distance de la Terre au Soleil; *sa circonférence* et son *diamètre* sont les 0,27 de ceux de la Terre ou 11 000 kil. et 3472 kil., sa *surface* est 13 fois plus petite et son *volume* 49 fois moindre,

Sa surface est très accidentée, mais il n'y existe ni air, ni eau, ni êtres vivants; c'est une terre nue et déserte.

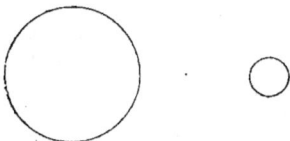

Grandeurs relatives de la Terre et de la Lune

Elle *tourne autour de la Terre* en 27 jours et demi environ, mais comme pendant cette révolution la Terre a elle-même tourné autour du Soleil, les deux astres ne se retrouveront dans la même position par rapport au Soleil qu'au bout de 29 jours 12 heures 44 minutes, c'est cette période que l'on nomme **mois**.

De plus la Lune tournant sur elle-même pendant le même temps qu'elle met à tourner autour de la terre, il résulte de la concordance de ces deux mouvements qu'*elle nous présente toujours la même face*.

Phases de la Lune

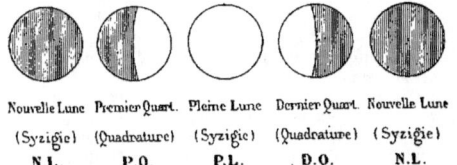

Elle est *éclairée par le Soleil* et pendant sa révolution elle s'offre à nous sous divers aspects que l'on nomme *phases;* d'abord invisible parce qu'elle est *nouvelle*, elle croit jusqu'à ce qu'elle soit complètement éclairée, elle est alors *pleine* et puis elle décline jusqu'à ce qu'elle redevienne invisible. Ces phases sont au nombre de 4 : *Nouvelle Lune* (N. L.), *Premier Quartier* (P. Q.), *Pleine Lune* (P. L.) et *Dernier Quartier* (D. Q.); la durée de chaque phase est d'environ 7 jours ou une **semaine**.

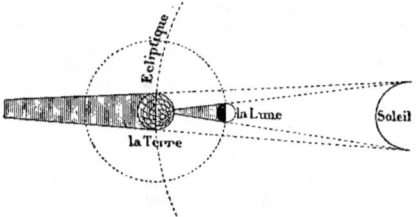

Eclipse de Soleil

Le mouvement de la Lune autour du Soleil produit les **éclipses** : *éclipse de Soleil*, lorsque la Lune se trouve entre le rayon qui unit les centres du Soleil et de la Terre; *éclipse de Lune*, lorsque la Terre se trouve entre le rayon qui unit le Soleil à la Lune.

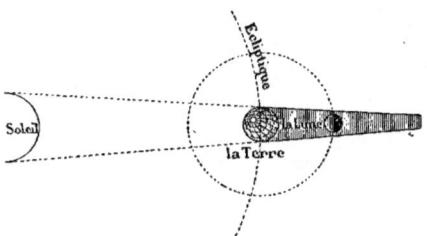

Eclipse de Lune

MARÉES

Enfin l'attraction de la Lune jointe à celle du Soleil produit les mouvements réguliers et périodiques de la mer que l'on nomme **marées**. Les marées des *syzigies* (nouvelle et pleine lune) sont les plus fortes, les marées des *quadratures* (premier et dernier quartier) sont les plus faibles.

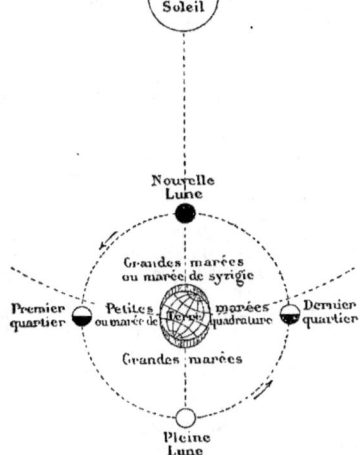

Action de la Lune sur la mer

CALENDRIER

Le **Calendrier** est le *tableau des jours de l'année* groupés par mois avec l'indication des *fêtes*, des *phases de la Lune* et quelquefois d'autres renseignements secondaires.

Les divisions du temps sont tantôt naturelles (*année, mois, semaine, jour*), tantôt artificielles (*siècle, heure, minute, seconde*).

L'**année civile**, c'est-à-dire celle d'après laquelle on règle les usages de la vie doit se composer forcément d'un nombre exact de jours (365), tandis que l'**année tropique** ou **Solaire** qui est l'année vraie, se compose de 365 jours.

5 heures, 48 minutes, 49,6 secondes ou 365,2422 jours, c'est-à-dire qu'elles diffèrent entre elles d'environ un quart de jour. Cette différence a amené une *première réforme* du calendrier dite *Julienne* (de Jules César) en l'an 47 av. J.-C., qui a consisté à ajouter un jour tous les quatre ans, c'est-à-dire de faire suivre *trois années ordinaires* de 365 jours d'*une année bissextile* de 366 jours. Ce jour supplémentaire a été fixé au 29 février, dernier jour de l'année, parce que du temps des Romains l'année commençait le 1er mars. Mais cette différence n'étant pas exactement d'un quart de jour, une *seconde réforme* dite *Grégorienne* (du pape Grégoire XIII qui la provoqua en 1582) a été nécessaire, elle fit pour les années séculaires *l'inverse de* ce qui avait été fait pour les années ordinaires, c'est-à-dire que sur *quatre années séculaires* consécutives, il y en a *trois ordinaires* et *une seule bissextile*.

En 1582, le 5 octobre passa le 15, afin de regagner l'arriéré ; toutefois quelques peuples, particulièrement les Russes, continuent à se servir du calendrier Julien, d'où il résulte un retard dans la date des jours.

L'**année** a été partagée en **12 mois**, mais comme la lunaison est de 29 jours et demi et que 12 lunaisons donnent 354 jours, on a réparti les 11 jours qui manquaient entre les mois, ce qui fait qu'il y en a 7 de 31 jours, 4 de 30 et 1 de 28 (29 dans les années bissextiles).

De même, la **semaine** a été fixée à **7 jours** et le **jour** à **24 heures**.

Les noms des mois sont ceux que leur ont donné les Romains : Janvier (*Janus*), Février (*Purifier*), Mars (*Mars*), Avril (*Ouvrir*), Mai (*Maïa*), Juin (*Junon*), Juillet (*Jules César*), Août (*Auguste*), Septembre (*Septième*), Octobre (*Huitième*), Novembre (*Neuvième*), Décembre (*Dixième*).

Les noms des jours sont ceux que leur ont donné les Anciens, en considération des planètes parmi lesquelles ils rangeaient le Soleil et la Lune ; la syllabe *di* veut dire jour (du latin *dies*) : Lundi (*Lune*), Mardi (*Mars*), Mercredi (*Mercure*), Jeudi (*Jupiter*), Vendredi (*Vénus*), Samedi (*Saturne*), Dimanche signifie *Jour du Seigneur*, autrefois c'était le jour dédié au *Soleil*, désignation dont se servent encore les Anglais et les Allemands.

Les **fêtes chrétiennes** sont *fixes* (Assomption 15 août, Toussaint 1er novembre, Noël 25 décembre) ou *mobiles*.

Ces dernières dépendent toutes de la fête de *Pâques* qui a lieu le premier dimanche qui suit la pleine Lune de l'équinoxe du printemps.

Ces fêtes sont déterminées d'après les indications qui composent le *comput ecclésiastique* :

1° L'**Epacte**, âge de la Lune au 1er janvier (nombre de jours écoulés depuis qu'elle a été nouvelle jusqu'au 1er janvier), permet facilement d'avoir la date d'une phase quelconque.

2° La **Lettre Dominicale**, si l'on désigne par A, B, C, D, E, F, G, les sept premiers jours de l'année, la lettre qui correspond au premier dimanche sera la lettre dominicale qui permet de connaître la date d'un dimanche quelconque et par suite celle de tout autre jour. (Ex. : l'année commençant un jeudi la lettre dominicale sera D).

COMÈTES

Les **Comètes** sont des masses gazeuses composées généralement d'un *noyau* entouré d'une *chevelure*, et terminées par une traînée lumineuse que l'on nomme *queue*. Elles décrivent autour du soleil des ellipses très allongées ; la durée de leur révolution est très variable.

ÉTOILES

Les **étoiles** sont des soleils.

Elles sont *fixes* et occupent dans le ciel des positions invariables, mais elles *scintillent*, c'est-à-dire qu'elles présentent toujours un tremblement lumineux, tandis que les planètes changent de position et ne scintillent pas, n'étant éclairées que par une lumière d'emprunt.

Leur *nombre est infini*. On n'en voit guère que 5000 à l'œil nu, dont 4500 à Paris.

Elles sont à des *distances* variables, mais *énormes*. La plus rapprochée de nous est l'α (alpha) du Centaure (ciel austral), dont la lumière nous parvient en trois ans et demi ; la lumière de l'étoile polaire met trente et un ans à nous arriver. or la lumière parcourt environ 75 000 lieues de 4 kil. par seconde.

Comme elles nous apparaissent plus ou moins brillantes, on les a *classées par grandeurs*. Les 6 premières grandeurs comprennent les étoiles que nous pouvons voir ; les autres que l'on n'aperçoit qu'à l'aide de puissantes lunettes, ont été réparties entre la 7e et la 17e grandeur. Le nombre des étoiles classées dans chaque grandeur n'est pas exactement déterminé ; on compte ordinairement 21 étoiles de 1re grandeur, dont 20 fixes et 1 variable, 65 de 2e, 200 de 3e, 425 de 4e, 1100 de 5e et 3200 de 6e.

Il y en a de *périodiques*, c'est-à-dire dont l'éclat varie périodiquement, et de *temporaires*, c'est-à-dire qui apparaissent subitement dans le Ciel, pour disparaître après avoir brillé pendant un temps plus ou moins long.

Quelques étoiles sont *colorées* en rouge, jaune, bleu ou vert, mais en général elles sont blanches.

Il y a environ 3000 étoiles *doubles* (ces étoiles que l'on ne peut voir qu'à l'aide de lunettes, se composent de deux étoiles très voisines), une cinquantaine d'étoiles *triples*, et quelques étoiles *quadruples*.

On nomme **nébuleuses** les taches blanches assez semblables aux comètes avec lesquelles on les confond quelquefois, que l'on aperçoit dans le Ciel. Ces nébuleuses ne sont autre chose que des *amas* d'un grand nombre de petites étoiles ; ainsi une nébuleuse dont le disque apparent est à peu près égal au dixième du disque de la Lune, ne renferme pas moins de 20 000 étoiles. Ce seraient des mondes en voie de formation.

Enfin, le Ciel est traversé par une grande bande blanchâtre, que l'on nomme la **voie lactée**. Cette bande dont la largeur varie, coupe l'écliptique vers les deux solstices, et, à la hauteur de la constellation du Cygne, elle se partage en deux branches qui se rejoignent dans l'hémisphère austral, près de la constellation du Scorpion. Sa couleur laiteuse est produite par la multitude d'étoiles imperceptibles dont elle est formée. On la considère comme une nébuleuse dont le soleil serait une étoile et occuperait la partie centrale.

Pour étudier les étoiles, les Anciens les ont réunies en *groupes* ou *constellations* auxquels ils ont donné des noms d'hommes, d'animaux ou d'objets mythologiques, constellations et noms que les astronomes modernes ont conservés pour la plupart.

Afin de distinguer entre elles les étoiles d'une même constellation, on les a dénommées par les lettres de l'alphabet grec, puis par celles de l'alphabet français, et enfin, par les chiffres 1, 2, 3,... lorsque les lettres de ces alphabets étaient insuffisantes en raison du nombre des étoiles ; en outre les principales étoiles ont reçu des noms particuliers pour les mieux distinguer encore.

CONSTELLATIONS

On divise les constellations en **boréales, zodiacales** et **australes**.

Les principales **constellations boréales**, c'est-à-dire situées au N. du zodiaque, sont :

La **Grande Ourse** ou **Chariot** ;
La **Petite Ourse** ou **Petit Chariot**, dont la dernière étoile de la queue est *l'étoile polaire*, de 2ᵉ grandeur, située à 1°39' du pôle ;
Cassiopée ;
Céphée ;
Le **Dragon** ;
Pégase ;
Andromède ;
Les **Pléiades** ;
Persée, avec *Algol* ou la *Tête de Méduse*, étoile changeante de la 2ᵉ grandeur à la 4ᵉ en 1 heure trois quarts.
Le **Cocher**, possède 1 étoile de 1ʳᵉ grandeur, la *Chèvre* ;
Le **Petit Lion** ;
Le **Triangle boréal** ;
Le **Bouvier**, avec *Arcturus* de 1ʳᵉ grandeur ;
La **Chevelure de Bérénice**, appelée aussi la *Gerbe de blé* ;
La **Couronne boréale** ;
La **Lyre**, avec *Véga* de 1ʳᵉ grandeur ;
L'**Aigle**, avec *Altaïr* de 1ʳᵉ grandeur, qui a 2 satellites ;
Le **Cygne** ou la **Croix**, dont l'α ou *Deneb* est de 1ʳᵉ grandeur ;
Le **Serpent** ;
Le **Serpentaire** ;
Hercule ;
Le **Dauphin** ;
Antinoüs ;
Le **Petit Cheval** ;

Les **constellations zodiacales** sont au nombre de 12 ; elles occupent une bande ou zone sphérique d'environ 18 degrés de large, qui est divisée en deux par l'écliptique, et à laquelle on donne communément le nom de *zodiaque* (du grec *zodion*, animal, à cause des figures d'animaux, par lesquelles sont représentées ces constellations).

C'est devant ces constellations que le Soleil semble passer successivement pendant les douze mois de l'année.

Elles sont généralement indiquées par des signes que l'on nomme *signes du zodiaque*.

Ces constellations sont, en suivant les saisons :

Pour le *printemps*[1] :
Le **Bélier** ♈ (mars) ;

---

[1]. Au temps d'Hipparque de Nicée, de l'école d'Alexandrie, le plus grand astronome de l'antiquité, qui vivait au IIᵉ siècle

Le **Taureau** ♉ (avril), qui renferme *Aldebaran* ou *l'Œil du Taureau*, belle étoile rougeâtre de 1ʳᵉ grandeur ;
Les **Gémeaux** ♊ (mai), dont les étoiles principales sont *Castor* de 1ʳᵉ grandeur et *Pollux* de 2ᵉ grandeur.

Pour l'*été* :
Le **Cancer** ou l'**Ecrevisse** ♋ (juin) ;

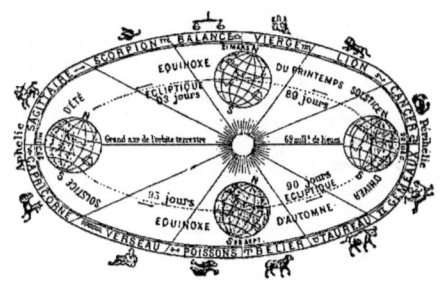

ZODIAQUE.

Le **Lion** ♌ (juillet), qui possède *Régulus* ou le *Cœur du Lion*, très belle étoile de 1ʳᵉ grandeur ;
La **Vierge** ♍ (août), qui a également une étoile de 1ʳᵉ grandeur : *l'Épi de la Vierge*.

Pour l'*automne* :
La **Balance** ♎ (septembre) ;
Le **Scorpion** ♏ (octobre), avec *Antarès* ou le *Cœur du Scorpion*, de 1ʳᵉ grandeur.
Le **Sagittaire** ♐ (novembre), en partie dans la voie lactée.

---

av. J.-C., l'équinoxe du printemps avait lieu au moment où le soleil, passant de l'hémisphère austral dans l'hémisphère boréal, entrait dans la constellation du Bélier, passage qui est marqué sur l'équateur céleste par le point γ (gamma).

Mais Hipparque découvrit la précession des équinoxes, c'est-à-dire leur mouvement rétrograde qui est de 50",2 par année ; il en résulte que depuis cette époque le point γ a rétrogradé de 27° environ, et que par conséquent au moment de l'équinoxe du printemps, le soleil se trouvant en retard de 27° est encore dans la constellation des Poissons, qui est la douzième du zodiaque. Il n'y a donc plus concordance exacte entre les divisions et les constellations du zodiaque.

Afin de respecter autant que possible les anciens usages, on conserve les divisions du zodiaque en 12 *signes* de 30° (12 × 30 = 360) à partir du point mobile γ, et on a gardé à ces signes les noms des constellations que traversait le soleil, il y a 2000 ans. Ainsi le Soleil entre toujours dans le *signe* du Bélier (♈) à l'équinoxe du printemps, dans le *signe* du Cancer (♋) au solstice d'été, dans le *signe* de la Balance (♎) à l'équinoxe d'automne et dans le *signe* du Capricorne (♑) du solstice d'hiver, bien qu'il ne se trouve pas à ces époques devant ces constellations. Il y a donc à éviter de confondre aujourd'hui les *signes* et les *constellations* du zodiaque.

6 — GÉOGRAPHIE GÉNÉRALE

Pour l'*hiver* :

Le **Capricorne** ♑ (décembre);
Le **Verseau** ♒ (janvier);
Les **Poissons** ♓ (février).

Les principales **constellations australes**, c'est-à-dire situées au S. du zodiaque, sont :

Orion, la plus belle de toutes les constellations, possède 2 étoiles de 1re grandeur : *Bételgeuse* ou l'*Epaule droite d'Orion* et *Rigel* ou le *Pied gauche d'Orion* ; on remarque en outre à l'intérieur 3 étoiles de 2e grandeur placées en ligne droite, et que l'on désigne tantôt sous la dénomination de *Baudrier d'Orion*, tantôt sous celle des *Trois Rois Mages*, du *Bâton de Jacob* ou du *Râteau* ;

La **Baleine** ;
Le **Corbeau** ;
Le **Lièvre** ;
La **Coupe** ;
L'**Hydre** ;
L'**Eridan**, avec *Achernar* de 1re grandeur;
Le **Petit Chien**, qui a une belle étoile de 1re grandeur : *Procyon* ;
Le **Grand Chien**, qui possède la plus belle et la plus brillante étoile du ciel : *Sirius* (la *Canicule*) ;
Le **Navire Argo**, avec *Canopus* de 1re grandeur, et dont l'η (éta) est variable de la 1re grandeur à la 7e ;
Le **Poisson austral**, avec *Fomalhaut* de 1re grandeur ;
Le **Centaure**, avec 2 étoiles de 1re grandeur, α et β (bêta) ;
La **Croix du Sud**, dans les environs du pôle austral dont l'α est de 1re grandeur.

HORIZON DE PARIS

Toutes les constellations boréales sont visibles au-dessus de l'horizon de Paris ; mais celles qui ne *se couchent pas*, c'est-à-dire qui sont constamment visibles, sont : la Grande Ourse, la Petite Ourse, Cassiopée, Céphée, le Dragon, Persée, le Cocher, le Petit Lion, le Triangle boréal, la Couronne boréale et une partie du Cygne.

Parmi les constellations australes qui se font voir à Paris, suivant les saisons, les principales sont : Orion, le Petit Chien, le Grand Chien et le Poisson austral.

Les étoiles de 1re grandeur visibles à Paris sont :

Dans les constellations boréales :

La Chèvre, du Cocher ;
Arcturus, du Bouvier ;
Véga, de la Lyre ;
Altaïr, de l'Aigle ;
Deneb ou α, du Cygne.

Dans les constellations zodiacales :

Aldebaran, du Taureau ;
Castor, des Gémeaux ;
Régulus, du Lion ;
L'*Epi de la Vierge*, de la Vierge ;
Antarès, du Scorpion.

Dans les constellations australes :

Bételgeuse, et *Rigel* d'Orion ;
Procyon, du Petit Chien ;
Sirius, du Grand Chien ;
Fomalhaut, du Poisson austral.

ALIGNEMENTS

Pour trouver facilement dans le Ciel la place occupée par les différentes constellations, la meilleure méthode à employer est celle des *alignements*.

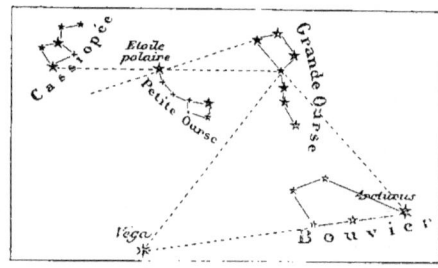

EXEMPLE D'ALIGNEMENT

Cette méthode consiste à tracer d'abord sur la carte céleste des lignes partant d'une constellation bien connue et facilement reconnaissable (comme la Grande Ourse ou la Petite Ourse) et aboutissant aux constellations que l'on veut voir, puis à refaire le soir, par l'imagination, le même travail sur le ciel, tout en se guidant avec la carte ; on trouve ainsi aisément les constellations cherchées.

GÉOGRAPHIE GÉNÉRALE

LA TERRE

La **Terre** est une planète de forme sphérique.

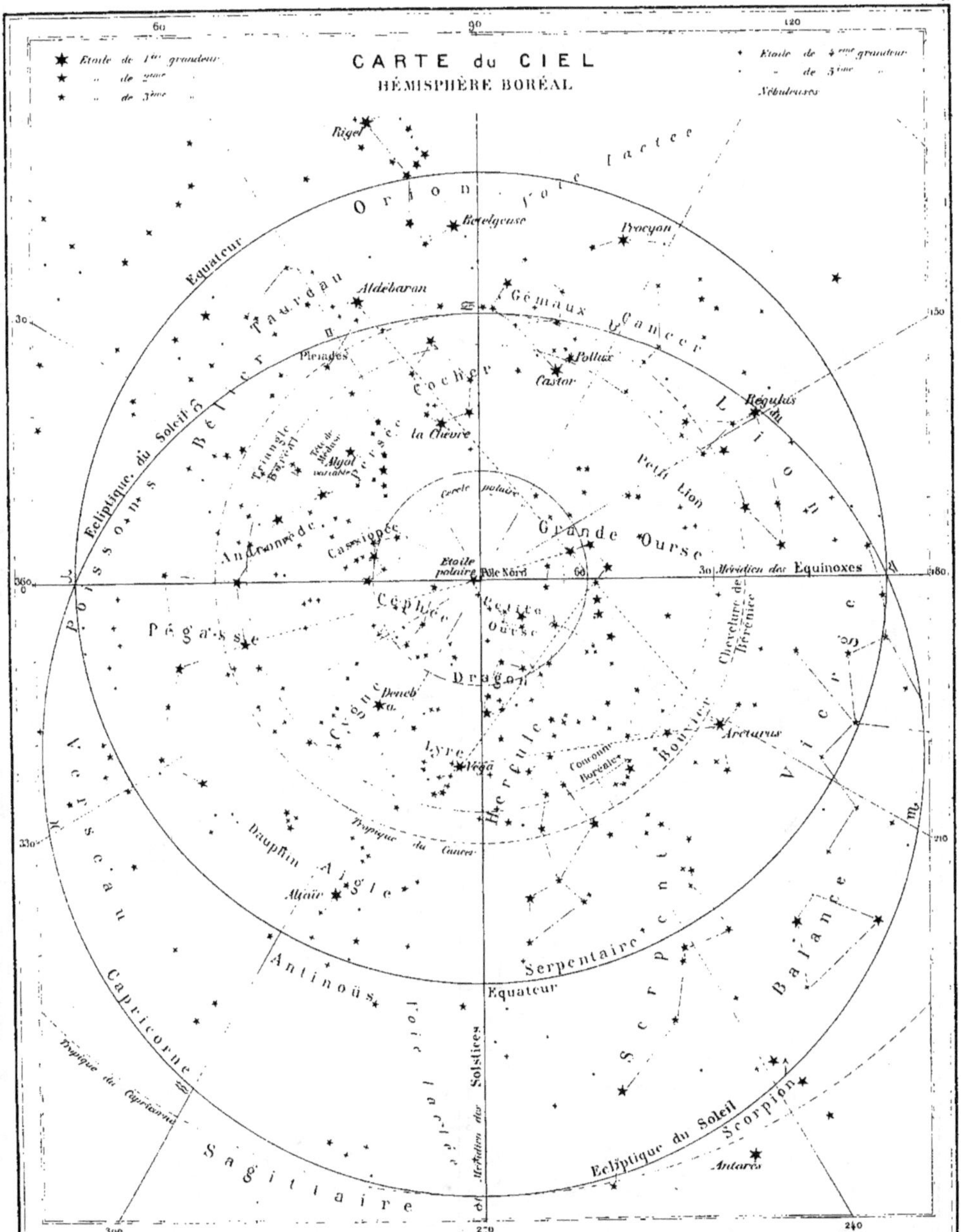
CARTE du CIEL
HÉMISPHÈRE BORÉAL
Etoile de 1ère grandeur
" de 2ème
" de 3ème
Etoile de 4ème grandeur
" de 5ème
Nébuleuses
60
90
120
150
180
210
240
270
300
330
360
30
Rigel
Orion
Bételgeuse
Procyon
Voie lactée
Equateur
Aldébaran
Taureau
Gémeaux
Cancer
Pléiades
Cocher
Pollux
Castor
Régulus
Lion
Ecliptique du Soleil
Bélier
Triangle Boréal
Tête de Méduse
Algol
Persée
la Chèvre
Petit Lion
Cercle polaire
Grande Ourse
Andromède
Cassiopée
Poissons
Etoile polaire
Pôle Nord
Méridien des Equinoxes
Céphée
Petite Ourse
Chevelure de Bérénice
Pégase
Dragon
Deneb
Cygne
Arcturus
Bouvier
Vierge
Lyre
Véga
Hercule
Couronne Boréale
Verseau
Tropique du Cancer
Dauphin
Aigle
Altaïr
Serpentaire
Serpent
Balance
Antinoüs
Equateur
Capricorne
Tropique du Capricorne
Méridien des Solstices
Ecliptique du Soleil
Scorpion
Antarès
Sagittaire

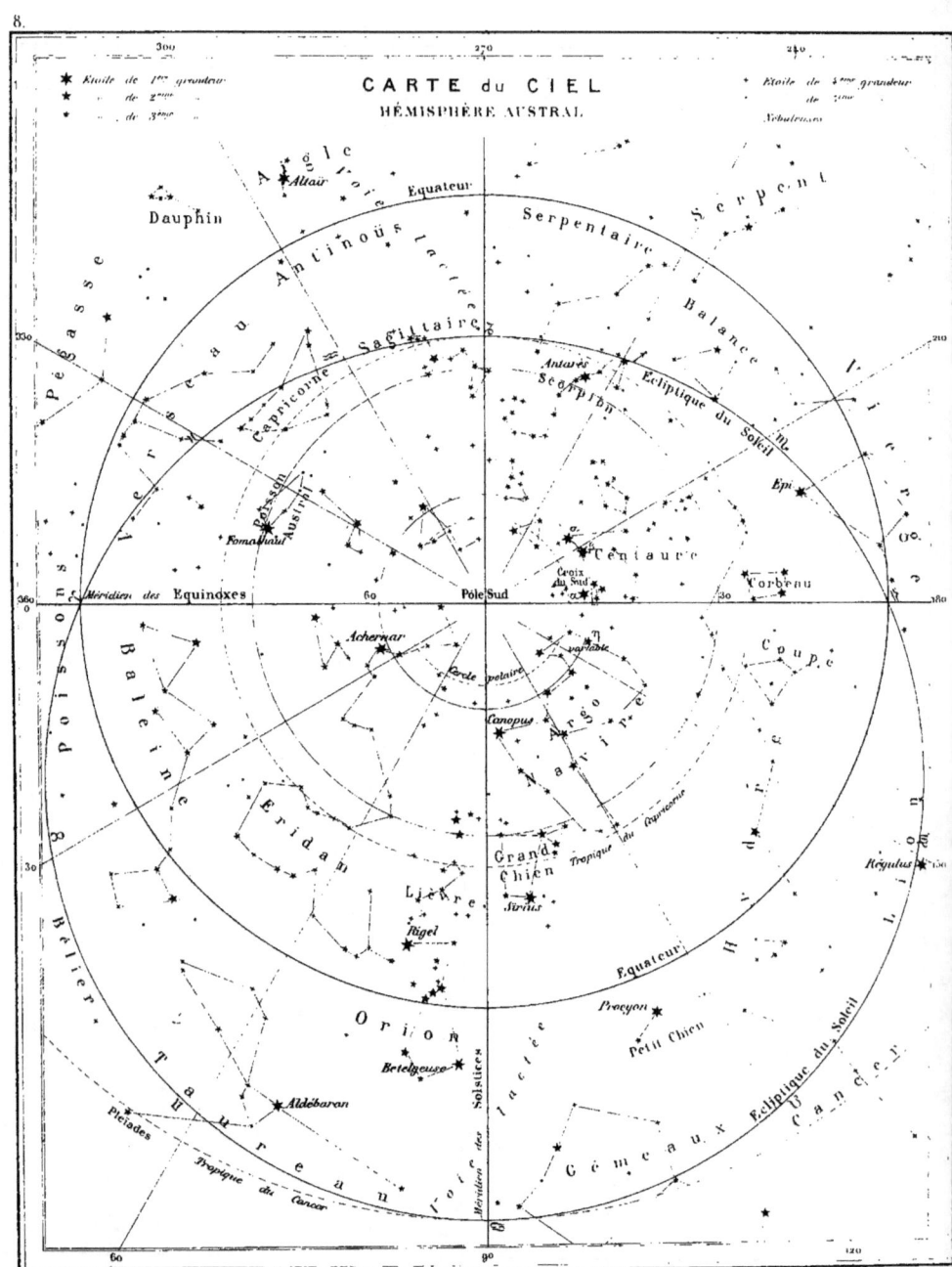

GÉOGRAPHIE GÉNÉRALE

Sphéricité

La sphéricité ou **rotondité** de la Terre se prouve de plusieurs manières : horizons différents soit que l'on regarde du haut d'une tour, d'une montagne ou d'un ballon; divers aspects qu'offrent les navires en mer; lever du Soleil à des heures différentes d'après les lieux; éclipses de Lune; voyages autour du monde.

Pôles — Axe — Équateur — Hémisphères.

Elle tourne sur elle-même comme une toupie : les points qui correspondent à la tête et à la pointe de la toupie se nomment **pôles**.

La ligne imaginaire qui, passant par le centre, joint les deux pôles et autour de laquelle la Terre tourne porte le nom d'**axe**.

On appelle **équateur** le grand cercle perpendiculaire à l'axe et qui passe par le centre; il partage la sphère en deux parties égales que l'on nomme **hémisphères** : *hémisphère boréal* au nord, *hémisphère austral* au sud.

Dans l'usage on désigne plutôt sous ce nom la *ligne équinoxiale* qui est la circonférence formée par l'intersection de ce grand cercle avec la surface de la sphère; le nom d'équinoxial a été donné à cette ligne parce que au moment où le soleil semble passer au-dessus, la durée des jours et des nuits est égale pour toute la Terre.

Le pôle de l'hémisphère boréal porte le nom de **pôle arctique** parce qu'il est en face des constellations des Ourses (en grec Arctos) qui sont les plus voisines du Nord; l'autre pôle se nomme par opposition **pôle antarctique**.

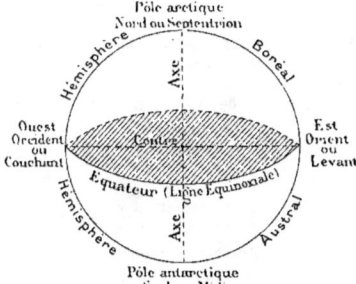

Points cardinaux — Orientation — Rose des Vents — Boussole

Le pôle arctique *indique* le **Nord** ou **Septentrion** (les Sept Bœufs) nom donné par les Romains à la constellation de la grande Ourse ou du Chariot, et le pôle antarctique *indique* le **Sud** ou **Midi**; on nomme **Est**, **Orient** ou **Levant** *le point vers lequel le Soleil semble se lever*, et **Ouest**, **Occident** ou **Couchant** *le point* opposé, c'est-à-dire celui *où le Soleil semble se coucher*.

Ces quatre directions forment les **4 points cardinaux** sans lesquels on ne saurait *s'orienter*; on les désigne par abréviation par les lettres **N. S. E. O**.

Afin d'avoir plus de directions on y a ajouté d'abord les 4 *points collatéraux N.-E., N.-O., S.-E., et S.-O.*, puis 24 *points intermédiaires*; ces 32 *points* ou *rhumbs* dessinent la **Rose des Vents**.

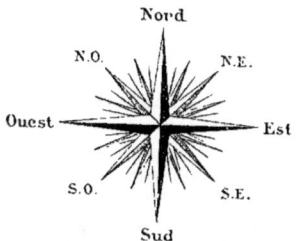

Rose des vents

Dans le jour, pour s'**orienter**, on n'a qu'à se placer de manière à avoir à sa droite le point où le Soleil se lève, on aura alors : devant soi le N., derrière soi le S., à sa droite l'E. et à sa gauche l'O.

Orientation pendant le jour.

Pendant la nuit, on cherche *l'étoile polaire* qui est la première de la constellation de Petite Ourse et la plus rapprochée du Nord; on a alors : devant soi le N., derrière soi le S., à sa droite l'E. et à sa gauche l'O. Pour trouver l'étoile polaire, on prolonge cinq fois la ligne qui joint les

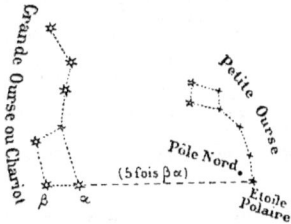

Orientation pendant la nuit.

deux dernières étoiles de la belle constellation de la Grande Ourse ou Chariot que tout le monde reconnaît facilement.

Si le Ciel est couvert, on a recours à la **Boussole**; cet instrument se compose d'une aiguille aimantée qui tourne sur un pivot fixé au-dessus d'une rose des vents (cette aiguille jouit de la propriété de tourner constamment l'une de ses pointes vers le N. et l'autre vers le S.).

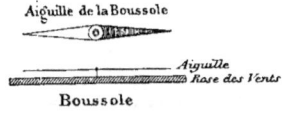

Mouvements de la Terre — Rotation — Jour — Révolution — Année.

La Terre tourne sur son axe d'occident en orient en 24 heures ou un **jour**; sa vitesse, nulle aux pôles, est de 28 kil. par minute ou 464 m. par seconde à l'équateur.

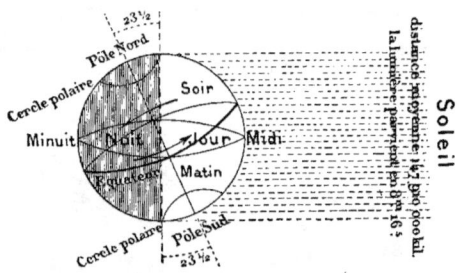

Cette **rotation** donne la *succession des jours et des nuits* (jours artificiels ou lumineux).

Le *matin* est l'instant où le Soleil commence à se montrer, on dit alors qu'il se lève; le *soir* est l'instant où il disparaît, on dit alors qu'il se couche. Il est *midi* quand cet astre est parvenu au plus haut point de sa course apparente et *minuit*, douze heures après, c'est-à-dire lorsque nous sommes au milieu de la nuit.

De plus, comme planète, **la Terre tourne autour du Soleil**, d'occident en orient, en 365 jours et quart ou une **année**; elle décrit alors une vaste ellipse (presque une circonférence) que l'on nomme *écliptique*, dont le grand rayon ou aphélie est de 150 390 000 kil., le petit rayon ou périhélie de 145 910 000 kil., et le rayon moyen de 147 910 000 kil. Sa vitesse moyenne est de 30 kil. par seconde.

Cette **révolution** produit en outre *l'alternance des saisons*.

Pendant ce trajet, elle est *inclinée* de 23° et quart sur son axe.

Cette **inclinaison** est la cause des *variations des jours et des saisons*.

Saisons — Équinoxes — Solstices

Il y a **4 Saisons** qui commencent : — le **Printemps** à *l'équinoxe du 20 mars*, — l'**Été** au *solstice du 21 juin*, — l'**Automne** à *l'équinoxe du 22 septembre*, — l'**Hiver** au *solstice du 21 décembre*.

Ces dénominations proviennent de ce qu'aux époques des **équinoxes**, le Soleil passant au-dessus de l'équateur, les jours et les nuits ont la même durée, et qu'aux époques des **solstices**, le Soleil passant au-dessus des tropiques, est aux points de sa course les plus éloignés de l'équateur et semble s'arrêter pour revenir en arrière; on a alors les plus longs jours lorsqu'il est dans l'hémisphère boréal, au tropique du Cancer, et les plus courts lorsqu'il est dans l'hémisphère austral, au tropique du Capricorne.

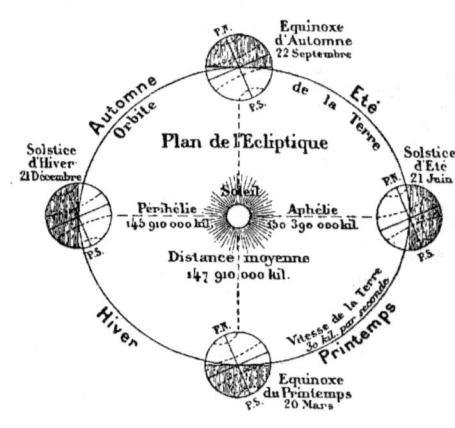

Cercles de la Terre — Équateur — Parallèles — Méridiens — Zones

Pour faciliter l'étude de la Terre, on a tracé sur sa surface

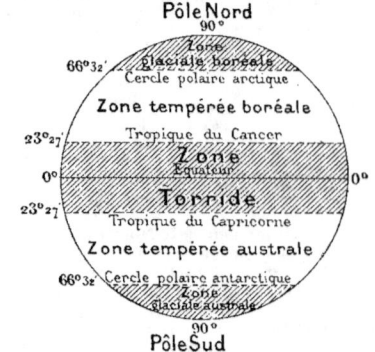

des cercles que l'on nomme **Équateur**, **Parallèles** et **Méridiens**.

GÉOGRAPHIE GÉNÉRALE

L'Équateur, ainsi que nous l'avons vu, partage également la Terre en deux hémisphères : boréal au nord et austral au sud.

Les **Parallèles** sont des petits cercles parallèles à l'Équateur ; 4 situés deux à deux à 23° et demi de l'équateur ou des pôles ont reçu des noms particuliers : *Tropique du Cancer* et *Cercle polaire arctique* dans l'hémisphère boréal ; *Tropique du Capricorne* et *Cercle polaire antarctique* dans l'hémisphère austral.

Ces 4 parallèles partagent la sphère en **5 zones** : 2 *zones glaciales* (boréale et australe), entre les pôles et les cercles

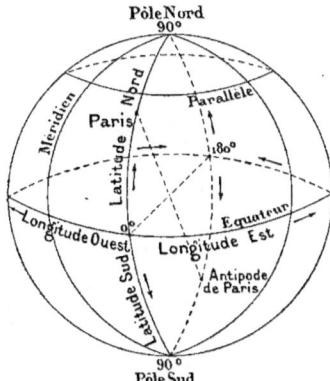

polaires, qui occupent les $\frac{82}{1000}$ de sa surface ; 2 *zones tempérées* (boréale et australe), entre les cercles polaires et les tropiques, qui en occupent les $\frac{520}{1000}$, et 1 *zone torride*, entre les deux tropiques, partagée en deux parties égales par l'équateur qui en occupe les $\frac{398}{1000}$.

Les **Méridiens**, qui tirent leur nom de ce qu'il est *midi* sur tous les lieux qui y sont situés d'un même côté de la sphère, sont des grands cercles qui passent par les pôles et coupent l'équateur à angle droit ; ils sont tous égaux entre eux.

Latitude — Longitude

Les parallèles et les méridiens servent à déterminer la **position géographique** d'un lieu quelconque de la surface du globe.

Les parallèles indiquent la **Latitude**, c'est-à-dire la distance de ce lieu à l'équateur.

Les méridiens indiquent la **Longitude**, c'est-à-dire la distance du méridien de ce lieu au méridien pris comme point de départ.

La latitude est N. ou S., c'est-à-dire au nord ou au sud de l'équateur.

La longitude est E. ou O., c'est-à-dire à l'est ou à l'ouest du méridien d'origine.

Pour compter la latitude, on a divisé chaque quart de méridien en 90 parties égales ou degrés que l'on compte de l'équateur (0) au pôle (90).

Pour compter la longitude on a divisé l'équateur en deux parties égales ou 180 degrés que l'on compte à droite et à gauche à partir du méridien d'origine (0).

Chaque degré (°) a été ensuite divisé en 60 minutes ('), et chaque minute en 60 secondes (").

En France, le méridien d'origine (0°) est celui de Paris. Paris est à 48°50′49″ de lat. N.

Dimensions de la Terre

La dimension d'un méridien ou de l'équateur qui donne ce que l'on appelle vulgairement le tour du monde, c'est-à-dire la **circonférence** de la Terre, est de 40 000 000 de mètres.

Le **diamètre** de la Terre est de 12 732 kil. et son **rayon** de 6 366 kil.

Sa **surface** est de 500 000 000 kil. carrés (environ 1000 fois celle de la France).

Sa **densité** est 5.

Antipodes — Zénith — Nadir — Horizon

On appelle **antipode** le point de la surface du globe qui correspond à un autre point diamétralement opposé.

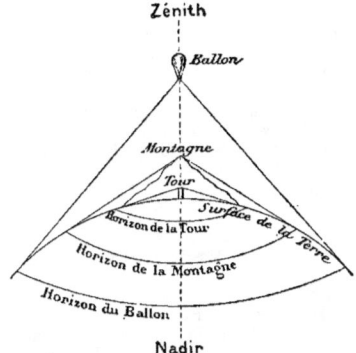

On désigne sous le nom de **zénith** le point du ciel qui serait rencontré par la verticale d'un lieu de la Terre ; l'antipode du **zénith** se nomme **nadir**.

L'**horizon** d'un lieu est l'espace de la surface du globe que peut apercevoir un observateur placé en ce lieu. Chaque point du globe a un horizon différent.

Surface de la Terre

La surface de la Terre n'offre pas partout le même aspect. Cela provient de ce que cette planète, primitivement en fusion, s'est refroidie peu à peu et couverte d'une **croûte** formée de matériaux divers, les uns d'origine ignée, les autres d'origine aqueuse. Cette croûte d'une épaisseur estimée à 20 ou 40 kil. recouvre un **noyau** de beaucoup plus considérable et qui, d'après la chaleur qu'il possède, paraît composé de matières en fusion.

REPRÉSENTATION DE LA TERRE

CARTOGRAPHIE

Globes — Cartes

On représente la Terre au moyen de **sphères** ou **globes** qui figurent assez exactement la position respective des lieux, mais dont les dimensions sont trop restreintes pour permettre d'en donner les détails et dont l'usage offre de nombreuses difficultés.

Aussi a-t-on été obligé d'avoir recours aux **cartes** ou dessins pour représenter sur une surface plane soit la Terre elle-même, soit une partie.

Les cartes qui représentent la surface de la Terre tout entière se nomment *mappemondes* ou *planisphères* suivant leur genre de projection.

Les cartes qui représentent une partie de la surface de la Terre sont les *cartes générales* (Europe, Asie), ou les *cartes particulières* (France, Italie).

On nomme *cartes hydrographiques* celles qui servent à la navigation ; elles détaillent spécialement les mers et les côtes.

Les *cartes topographiques* sont celles qui, étant à une grande échelle, reproduisent exactement tous les accidents que présente le sol des pays qu'elles dessinent (carte de France du Dépôt de la Guerre).

Projections

Toutes les cartes sont dressées d'après des constructions géométriques que l'on nomme **projections** (la Terre, étant une sphère, n'est pas une surface développable).

On les divise en **projections par perspective** et **projections par développement**.

Projections par Perspective
(Orthographique — Stéréographique)

Ces projections sont des représentations perspectives du globe prises de plusieurs points de vue et sur divers plans considérés comme tableaux. On emploie surtout ces projections pour la construction des mappemondes hémisphériques ; elles sont au nombre de deux :

1° La **projection orthographique**, rarement employée, a pour principe de placer le point de vue à une grande distance du globe. Les méridiens sont représentés par des ellipses et les parallèles par des lignes droites. Ce système est plus exact à la circonférence qu'au centre de la carte.

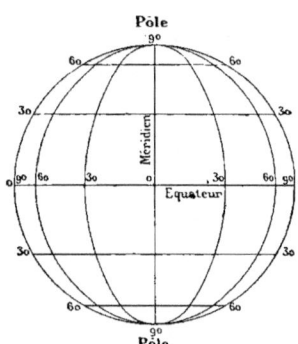

Projection Orthographique

2° La **projection stéréographique**, d'un usage assez fréquent, a pour principe de représenter la surface de la Terre sur le plan de l'un des grands cercles, l'observateur étant à l'extrémité du diamètre du globe perpendiculaire au plan de ce cercle. Les méridiens et les parallèles sont représentés par des arcs de cercle tracés d'après les lois de la géométrie descriptive. Ce système est plus exact au centre qu'à la circonférence.

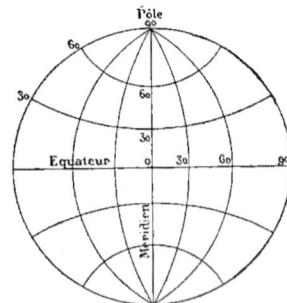

Projection Stéréographique

Ces deux projections se construisent de trois manières :
La *projection polaire* qui a pour plan l'équateur ;
La *projection méridienne* qui a pour plan un méridien ;
La *projection horizontale* qui a pour plan l'horizon d'un lieu. (Carte des environs de Paris.)

Les mappemondes sont en général construites sur le plan du méridien de l'île de Fer (la plus occidentale des Canaries par 20° 30' long. O.), qui était supposée, par les anciens, située à l'extrémité du Monde, et qui plus tard, après la découverte de l'Amérique, a été considérée comme séparant l'Ancien Monde du Nouveau.

GÉOGRAPHIE GÉNÉRALE

Projections par Développement
(Conique — Cylindrique)

Ces projections qui servent à la construction des cartes générales et particulières, sont également au nombre de deux :

1° La **projection conique** a pour principe de considérer la surface sphérique à représenter comme une portion de surface conique, c'est-à-dire une surface développable. Les parallèles sont alors des arcs de cercle décrits du sommet du cône pris comme centre et les méridiens des droites qui forment un faisceau ayant le même sommet.

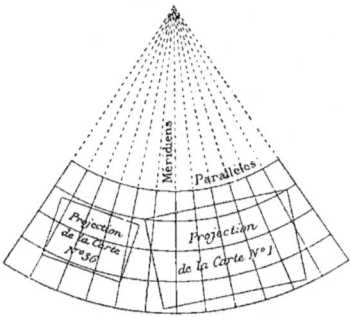

Projection Conique

Cette projection a été *rectifiée par Flamsteed* (astronome anglais) pour les pays équatoriaux ; les parallèles sont alors représentés par des droites et les méridiens par des courbes déterminées par le calcul.

Enfin, pour les cartes particulières et spécialement pour la grande carte de France dite de l'Etat-Major, on emploie la *projection de Flamsteed rectifiée* ou *du Dépôt de la Guerre*. Les parallèles sont représentés par des arcs de cercle et les méridiens par des courbes déterminées par le calcul. Ce système a le mérite de laisser les surfaces proportionnelles, mais défigure un peu les parties qui s'éloignent du centre.

2° La **projection cylindrique** ou de **Mercator** a pour principe de considérer la surface de la Terre comme étant cylindrique. Les parallèles et les méridiens sont alors représentés par des droites qui se coupent à angle droit. Cette projection déforme énormément les contrées au fur et à mesure qu'on se rapproche des pôles. Pour parer à cet inconvénient, *Mercator* (géographe flamand) imagina d'augmenter les intervalles qui séparent les parallèles à mesure que l'on s'éloigne de l'équateur, dans un rapport inverse de celui que suit sur le globe la diminution des degrés de longitude ; il en résulte que les formes sont conservées, mais que les contrées polaires sont considérablement agrandies.

Cette projection sert aux planisphères, aux cartes marines et à celles des contrées voisines de l'équateur, principalement l'Océanie.

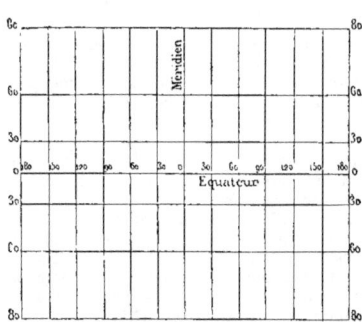

Projection Mercator

Échelles

L'échelle d'une carte est le rapport linéaire qui existe entre la dimension réelle d'un pays et la dimension de sa représentation sur une carte.

Echelle au $\frac{1}{100\,000}$ème

1 millimètre représente 100 mètres

Si une carte de 1 mètre représente un pays de 100 kil. de long (100 000 mètres), l'échelle sera de $\frac{1}{100\,000}$, c'est-à-dire que 1 millimètre représente 100 mètres.

La carte de France du Dépôt de la Guerre est au $\frac{1}{80\,000}$.

Orientation des Cartes

Les cartes sont en général orientées de manière à ce que le Nord soit en haut, le Sud en bas, l'Est à droite et l'Ouest à gauche. Dans le cas contraire on indique la direction du Nord par une flèche.

Mesures Itinéraires

Les mesures itinéraires les plus usitées sont :

Sur terre :

Le **kilomètre** ou 1000 mètres qui est la $\frac{1}{111}$ partie du degré.

Le **myriamètre** qui vaut 10 000 mètres.

La **lieue de poste** ou métrique de 4 kilom.

La **lieue géographique** qui est la $\frac{1}{15}$ partie du degré et vaut 4444 mètres.

Le **mille anglais** qui est de 1522 mètres.

Le **mille allemand** — 7407 mètres.

La **verste russe** — 1067 mètres.

Sur mer :

Le **mille marin** qui vaut une minute du degré de l'équateur ou 1852 mètres.

La **lieue marine** de 20 au degré qui vaut 3 milles ou 5556 mètres.

La **brasse** qui en France est de 1 m. 624.

Le **nœud** qui est le $\frac{1}{120}$ partie du mille marin et vaut 15 m. 432.

L'**encablure** qui est de 200 mètres.

FORMATION DE LA TERRE

ORIGINE

La Terre est un *astre refroidi*, autrement dit une nébuleuse passée de l'état gazeux à l'état solide. C'est le mathématicien français Laplace qui dans sa « Mécanique céleste » a le premier émis cette belle conception, qui a été depuis adoptée par les savants.

En se liquéfiant, avant de devenir solide, la Terre, en raison de son mouvement de translation autour du Soleil et en raison de la force centrifuge, s'est renflée vers l'équateur et aplatie à ses deux pôles.

A la suite du refroidissement partiel de la masse terrestre toutes les substances gazeuses qui la composaient ne se sont pas liquéfiées, quelques-unes restèrent à l'état de gaz ou de vapeurs, et formèrent autour du sphéroïde terrestre une enveloppe que l'on nomme *atmosphère* (du grec *atmos*, vapeur, *sphaira*, sphère) (sphère de vapeur).

Cette atmosphère devait être immense, elle atteignait sans doute jusqu'à la Lune, et contenait à l'état de vapeur la masse énorme des eaux qui forment nos mers actuelles ainsi que toutes les matières minérales, métalliques ou terreuses, qui conservent l'état gazeux à la température que présentait la Terre alors incandescente, température que l'on peut estimer au moins à 2000 degrés.

Pendant la période de refroidissement, il est à croire que les différentes substances qui composaient cette atmosphère se sont successivement déposées autour de la Terre d'après leur ordre de densité pour former les différentes couches de son écorce, couches auxquelles on a donné le nom de *terrains*. Toutefois cet ordre a dû être souvent modifié, et les matériaux, déjà déposés, mélangés entre eux par suite des formidables ouragans, des ébullitions violentes, des cataclysmes effroyables qui, en raison de cette grande chaleur, devaient se produire fréquemment et par conséquent abaisser, soulever, déchirer, disloquer et confondre ces couches alors incandescentes.

Enfin, après un nombre infini de siècles la Terre s'est recouverte d'une croûte solide, tout en conservant l'incandescence de ses parties centrales. Cette croûte est de faible épaisseur, car on l'estime à 50 kilomètres, c'est-à-dire au 250° de son diamètre.

ÉTUDE DE LA TERRE

Pour étudier la formation de cette croûte, c'est-à-dire des terrains, et savoir dans quel ordre ils ont été déposés, les géologues se servent de deux éléments, les *roches* et les *fossiles*.

Roches. — Au-dessous de la terre arable qui supporte la végétation et qui ne forme qu'un très faible revêtement extérieur, on trouve des matériaux de différentes sortes (argile, craie, sable, calcaire, houille, granite, etc.), qui composent la véritable croûte terrestre, et auxquels on donne le nom général de **roches**.

Ces roches sont de trois sortes :

La première sorte comprend les roches *stratifiées*, c'est-à-dire étalées avec une certaine régularité et se recouvrant les unes les autres. La seconde sorte comprend celles qui se montrent à travers les précédentes au milieu desquelles elles ont pénétré à la manière d'un coin, on dit alors qu'elles sont *éruptives*. Les premières représentent le travail des eaux qui les ont déposées, d'où le nom qu'on leur donne de *roches sédimentaires* et que les anciens naturalistes appelaient *roches neptuniennes* (de Neptune, dieu des mers); les secondes, qui sont l'œuvre des agents internes, étaient dénommées *roches plutoniennes* (de Pluton, dieu des enfers).

La troisième sorte comprend les *roches cristallines fondamentales*, qui se rapprochent des premières par leur disposition en couches, et des secondes par leur structure cristalline.

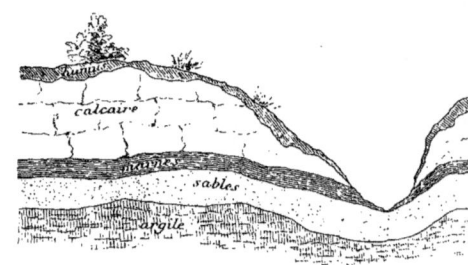

ROCHES STRATIFIÉES OU SÉDIMENTAIRES

Les **roches stratifiées** ou **sédimentaires** sont *silicieuses*, *calcaires* ou *argileuses*; on y trouve les dépôts de combustibles d'origine végétale (houille, lignite, tourbe); elles sont meubles (sables), agrégées (grès), compactes (calcaires) ou schisteuses, c'est-à-dire formées de feuillets minces et superposés (ardoises).

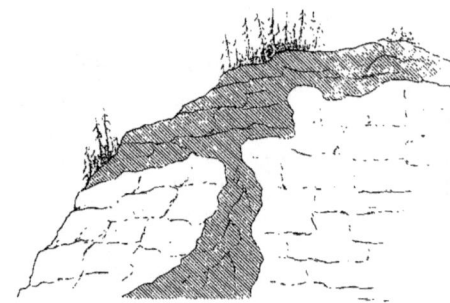

ROCHES ÉRUPTIVES.

Les **roches éruptives** sont dures et massives; au lieu de s'étaler en nappes horizontales, ce qui toutefois a dû avoir lieu à l'origine, elles ont été rompues par les nombreuses éruptions souterraines et s'élèvent en masses irrégulières soulevées par des efforts de bas en haut. On les divise en **roches anciennes**, de texture cristalline formant de grandes masses irrégulières qui comprennent les *granites* et les *porphyres*, et en **roches récentes**, d'origine volcanique, qui se présentent sous forme de coulées, de veines ou de filons et comprennent les *laves*, les *trachytes*, les *basaltes*.

Les **roches cristallines fondamentales** sont les *gneiss* et les *micaschistes*.

Enfin, parmi ces diverses roches, il y en a beaucoup qui ont subi de grands changements dans leur aspect, leur structure et même dans leur composition, changements dus le plus souvent à des agents chimiques, on dit alors qu'elles sont devenues des **roches métamorphiques**.

Fossiles. — On nomme fossiles (du latin *fossilis*, enfoui) tous les débris ou traces de corps organisés, animaux ou végétaux, que l'on trouve dans les matières minérales dont le sol est constitué, et dans une position et des conditions telles, que ces êtres organisés ont dû exister avant que la roche où on les rencontre ne fût formée.

On divise ces débris en :

1° **Fossiles proprement dits**, qui comprennent les parties d'animaux ou de végétaux conservés avec plus ou moins d'altération : ce sont des os, des dents, des cornes, des ongles, des piquants, des écailles, des carapaces, des coquilles, des fragments de bois, etc. ;

VÉGÉTAUX FOSSILES.

2° **Pétrifications** qui sont également des débris organiques, mais dont la substance a été entièrement remplacée par des molécules de matières minérales, sans toutefois que les formes caractéristiques aient cessé d'être reconnaissables ;

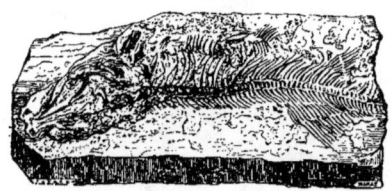

ANIMAUX FOSSILES.

3° **Moules et Empreintes** qui, ainsi que ces désignations l'indiquent, ne sont que des reproductions de formes extérieures des êtres vivants ou de quelques-unes de leurs parties ; c'est ainsi que nous sont parvenues les formes de parties molles incapables de se conserver, et les empreintes de pas de quadrupèdes, d'oiseaux, de reptiles, de crustacés, que ces animaux avaient laissées sur les sables durcis aujourd'hui et formant des masses de grès ;

4° **Coprolites** qui ne sont autre chose que des excréments fossiles. On les trouve quelquefois en petits dépôts comparables aux couches de guano de formation actuelle, quelquefois on les trouve au milieu de débris retraçant un animal, et par conséquent à la place qu'occupait l'intestin quand cet animal a succombé. On trouve quelquefois dans ces coprolites des fragments concassés d'animaux ; c'est leur forme qui bien souvent a permis de reconnaître le genre d'animaux qui les ont produits.

C'est l'étude des fossiles qui a le plus contribué à nous faire reconnaître les terrains les uns des autres, et à déterminer les limites exactes des époques géologiques qui ont précédé celle où nous vivons actuellement

TERRAINS

On divise les terrains en deux grandes catégories : les **terrains primitifs** et les **terrains de sédiment** ; ces derniers se divisent eux-mêmes en quatre grands groupes, les terrains *primaires*, *secondaires*, *tertiaires* et *quaternaires*.

On désigne souvent la *durée de la formation* des terrains sous les noms de **périodes**, d'**époques** ou d'**étages**.

Terrains primitifs. — Ces terrains, composés des roches cristallines fondamentales, forment la première couche terrestre et servent de support aux autres terrains. Ils ont été formés dans la **période azoïque** (du grec *a*, sans, *zoê*, vie), c'est-à-dire à une époque où nul être, soit végétal, soit animal, n'était organisé ; ils ne renferment donc aucun fossile.

Terrains primaires. — Ces terrains composent un groupe très important, qui en raison même de leur formation ont subi fréquemment le phénomène du métamorphisme, et se rapprochent des terrains primitifs ; aussi leur donne-t-on souvent le nom de **terrains de transition**. Mais leur disposition sédimentaire et la présence de sables et de galets, et surtout celle de fossiles, atteste bien leur origine aqueuse.

Ils sont caractérisés par une faune et une flore tout à fait spéciales, et comme leurs fossiles sont les plus anciens êtres organisés que l'on rencontre, on a désigné la durée de leur formation du nom de **période paléozoïque** (du grec *palaios*, ancien ; *zoon*, être).

Ces terrains se divisent en quatre étages ou époques qui sont par ordre d'ancienneté :

1° L'**époque silurienne**[1] qui comprend surtout des dépôts de grès et de schistes.

---

1. Nom donné par les géologues anglais parce que ce genre de terrain a été surtout étudié dans le pays qu'habitaient les anciens Silures, partie S.-E. du pays de Galles.

C'est cette époque qui a vu éclore les premières manifestations organiques. La faune est essentiellement marine, on y rencontre des zoophytes, des articulés, des mollusques, des crustacés appartenant pour la plupart au genre *trilobite*. La flore est marine également et se compose surtout d'algues.

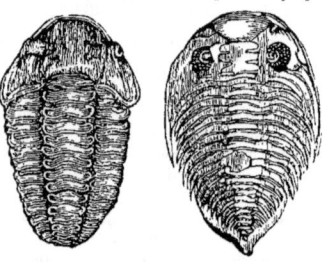

TRILOBITES.

2° L'**époque dévonienne** [1] voit déposer des grès, des schistes et des calcaires divers, et renferme les plus anciens dépôts de combustibles connus.

Elle a été marquée par un grand développement des poissons, poissons bizarres, munis d'une sorte de cuirasse brillante d'où leur nom de *ganoïdes*. La végétation encore humble ne comprend guère que des plantes herbacées.

3° L'**époque carbonifère** composée d'une couche calcaire marine supportant une longue succession de grès et de schistes avec de nombreux lits de *houille* intercalés.

C'est à cette époque qu'ont fait leur apparition les *animaux à respiration aérienne*, avec les premiers reptiles amphibiens, qui devaient tenir à la fois des batraciens et des crocodiles.

Mais ce qui est le plus remarquable, c'est la *flore* qui se composait principalement de cryptogames (calamites, fougères, lycopodiacées, etc.) et de phanérogames (sigillaires, cordaïtes, conifères, etc.) d'une vigueur incroyable, grâce à la haute température et à la grande humidité qui régnaient alors. Aussi la surface de la terre était-elle couverte d'immenses forêts impénétrables, dont la destruction a produit les couches de pétrifications qui forment le *terrain houiller* proprement dit. Du reste c'est cette époque qui paraît avoir eu la plus longue durée de toutes les époques géologiques.

4° L'**époque pénéenne ou permienne** [2] a vu se déposer successivement des grès rouges avec des conglomérats renfermant encore de la houille, des schistes bitumineux remplis de poissons, et enfin des calcaires magnésiens où les fossiles marins abondent.

La faune et la flore rappellent celle de l'époque carbonifère, toutefois elles se sont un peu perfectionnées et les poissons sont tellement abondants que l'on dit quelquefois que c'est le *règne des poissons*.

Enfin cette époque a vu la disparition des faunes primaires.

Terrains secondaires. — Ces terrains composés principalement de roches calcaires ou argileuses, de marnes et de grès fins, ont été déposés pendant une période de repos; en effet on ne remarque de roches éruptives que dans les parties tout à fait inférieures.

La faune terrestre se complète par l'apparition de petits mammifères encore imparfaits du genre marsupiaux et par l'apparition de quelques oiseaux.

C'est le *règne des reptiles* qui dominent en maîtres, aussi bien sur les terres que sur les mers, et même dans les airs où ils ont précédé les oiseaux.

La faune marine, bien que les principaux types primaires aient disparu, reste toujours très riche en crustacés, en zoophytes et surtout en mollusques dont les plus remarquables sont les *ammonites* (genre de colimaçons) et les *bélemnites* (genre de poulpes); les poissons se perfectionnent et prennent un squelette osseux.

AMMONITE.

COQUILLE DE BÉLEMNITE.

La végétation a perdu sa puissance extraordinaire de l'époque carbonifère, mais les terrains plus secs et plus élevés se couvrent de forêts où l'on admire d'abord les grands conifères, puis les palmiers et enfin les dicotylédones, c'est-à-dire les arbres à fleurs et à feuilles caduques qui sont aujourd'hui les principales essences de nos bois.

Ces terrains se divisent en trois groupes qui correspondent à trois époques bien distinctes:

1° Les **terrains triasiques**, ainsi nommés parce qu'ils forment trois étages nettement reconnaissables:

L'*étage vosgien* principalement formé de grès diversement colorés (grès bigarrés), contenant surtout des fossiles végétaux;

L'*étage conchylien* formé d'un calcaire compact grisâtre rempli de fossiles marins (calcaire coquillier);

L'*étage salifèrien* formé en grande partie de marnes argileuses vivement teintées en rouge et en vert (marnes irisées), qui renferment des amas considérables de gypse et de sel gemme d'où il tire son nom.

Les principaux reptiles de ces terrains, sont les *cheirotherium* ou *labyrinthodon* (sorte de tortues sans carapace).

LABYRINTHODON.

---

1. Nom donné également par les géologues anglais, qui ont spécialement étudié ce terrain dans le comté de Devon (Angleterre).
2. Le nom de pénéenne indique sa pauvreté en fossiles; le nom de permienne vient de Perm, en Russie, où ces terrains occupent un grand espace.

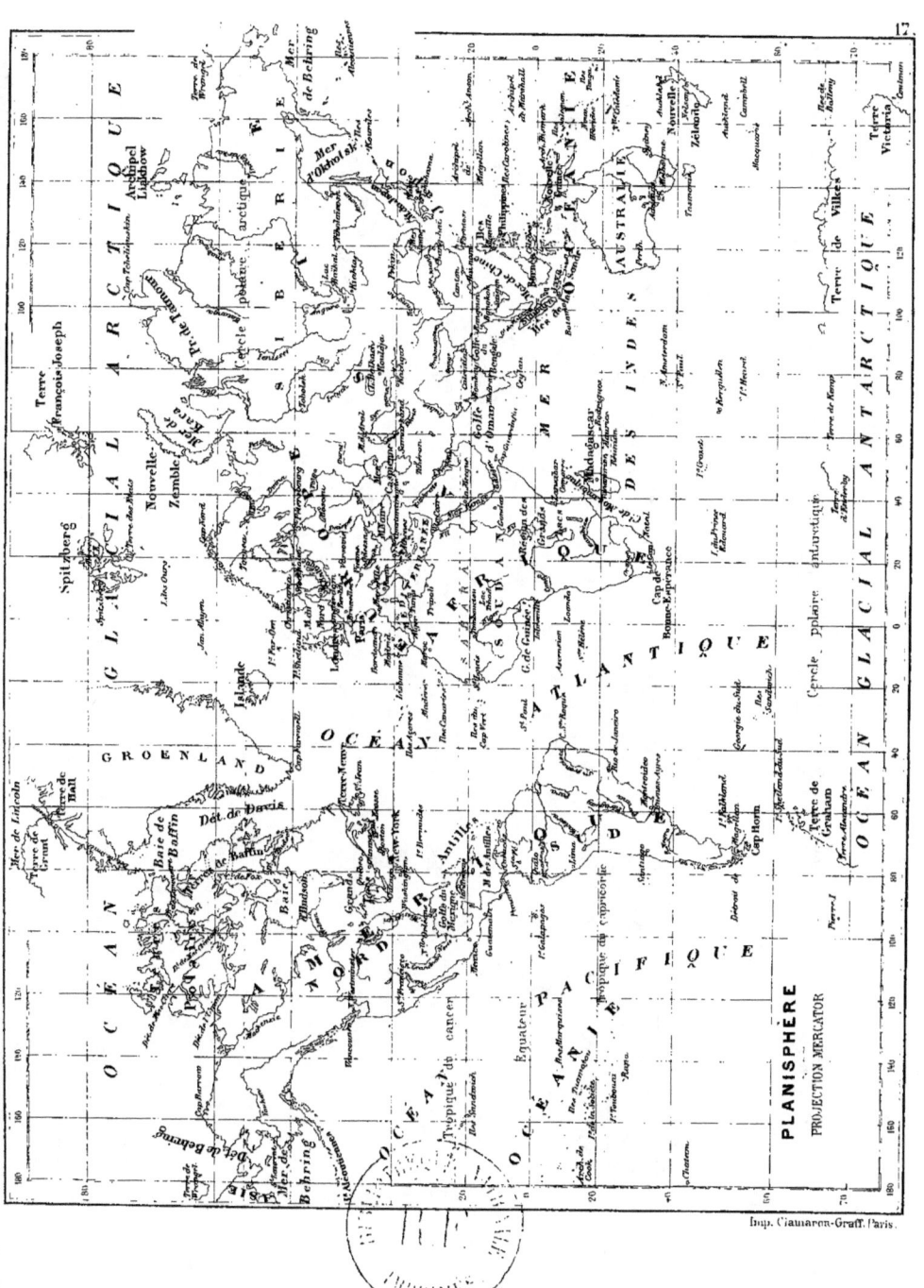

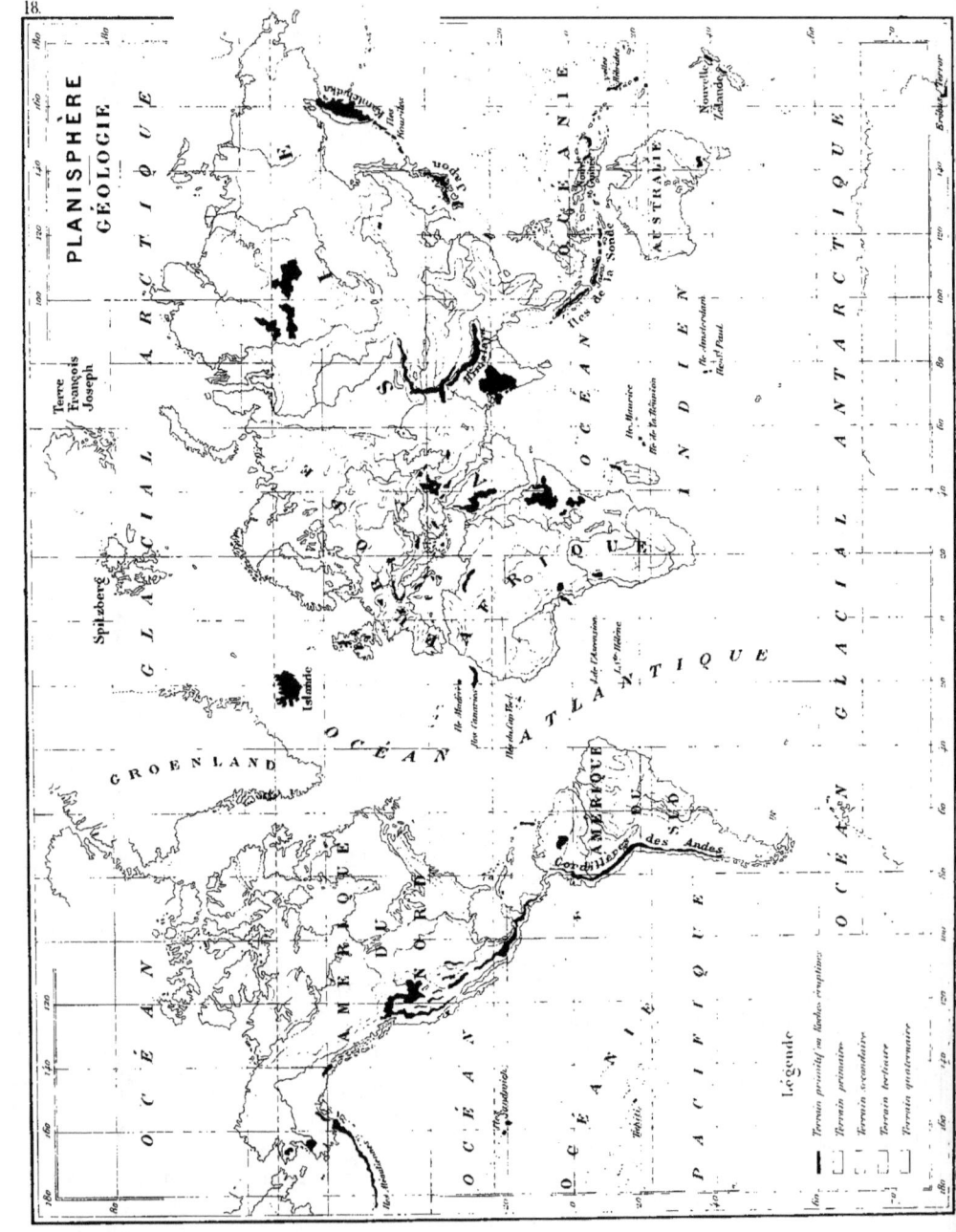

2° **Les terrains jurassiques**, ainsi nommés parce qu'ils composent en grande partie les montagnes du Jura, se divisent en sept groupes de couches alternativement argileuses et calcaires, qui représentent chacune une formation marine distincte :

Les *terrains jurassiques inférieurs* comprenant deux étages, l'*infra-lias* (grès) et le *lias*[1] (calcaire argileux et schistes marneux);

Les *terrains jurassiques moyens* comprenant deux étages, l'*oolithe* (calcaires et argiles) et l'*oxfordien* (argiles tenaces et calcaires marneux);

Les *terrains jurassiques supérieurs* comprenant trois étages, le *corallien* (calcaires blancs renfermant une grande quantité de coraux), le *kimmeridjien* (argile avec quelques petits amas de calcaire) et le *portlandien* (calcaires compacts que l'on exploite soit comme pierre de taille, soit pour la fabrication du ciment hydraulique).

C'est pendant cette période que la vie organique commence à prendre un sérieux développement, avec l'apparition des premiers mammifères (petits marsupiaux insectivores, rongeurs ou même carnassiers) et des oiseaux dont le plus ancien est l'*archæpteryx*, qui ne volait pas et ressemblait à un reptile emplumé. Mais ce qu'il y a de plus remarquable, ce sont les grands reptiles sauriens qui peuplaient les mers, dont les plus redoutables et les plus singuliers étaient les

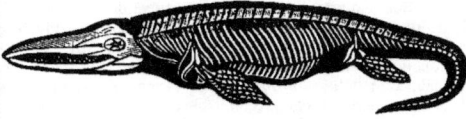

ICHTHYOSAURE.

ichthyosaures (poissons lézards), les *plésiosaures* (voisins du lézard), les *téléosaures* (genre de crocodiles) et les mons-

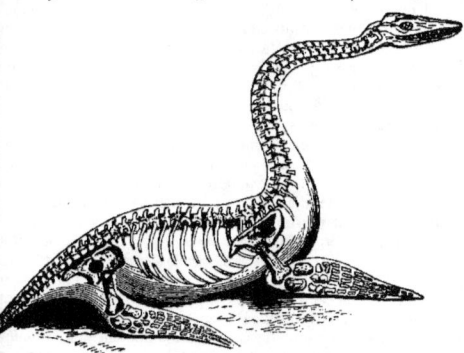

PLÉSIOSAURE.

trueux *pleurosaures* (ressemblant également aux crocodiles) qui étaient peut-être les plus terribles. Dans les airs

---

1. Nom que donnent les carriers anglais à un calcaire argileux que l'on trouve dans les terrains jurassiques.

volaient les *ptérodactyles* (genre de reptiles qui avaient des ailes semblables à celles des chauves-souris).

PTÉRODACTYLE.

3° **Les terrains crétacés** forment deux étages :

Les *terrains crétacés inférieurs* qui rappellent encore les terrains jurassiques, mais dans lesquels on ne trouve pas de fossiles de mammifères. C'est à cette époque que vivait l'*hyléosaure* (lézard des bois), long de 8 mètres; l'*iguanodon* (animal aux dents d'iguane), reptile herbivore de 16 mètres de long, le plus grand de tous les sauriens, et le *mégalosaure* (grand lézard), reptile carnassier qui était presque aussi grand (15 mètres); quant aux ichthyosaures et aux plésiosaures, ils tendent à disparaître et ne seront plus remplacés;

Les *terrains crétacés supérieurs* qui sont composés uniquement de craie, au milieu de laquelle on rencontre des rognons de silex et des pyrites de fer. C'est surtout pendant cette période que se sont développées les plantes dicotylédones. Quant aux sauriens, le plus remarquable est le *mosasaure* (lézard de la Meuse) ou crocodile de Maëstricht, long de 8 mètres environ.

Terrains tertiaires. — L'époque tertiaire est caractérisée par les nombreuses alternances des couches lacustres et des couches marines qui en forment les terrains, alternances dues aux nombreuses oscillations du sol et aux pluies abondantes qui eurent lieu à ce moment.

C'est également l'époque de la formation de grandes montagnes et du réveil de l'activité volcanique, car c'est vers son milieu que se sont produites les éruptions de trachytes et de basaltes, à la suite desquelles les *volcans* ont fait leur apparition.

Lorsqu'elle finit, les continents et les eaux ont pris leurs places respectives actuelles, et la surface de la Terre a reçu à peu près la forme que nous lui voyons.

Les roches qui constituent les terrains tertiaires sont moins dures que les précédentes, ce sont des argiles molles et plastiques, des sables quelquefois agglomérés sous forme de grès et des calcaires tendres, faciles à tailler comme la pierre à bâtir. Les lignites y abondent et on y trouve encore des dépôts accidentels de gypse et de minerais de fer.

La faune est complètement nouvelle, les espèces précédentes ont disparu. On y trouve en abondance des mammifères, des insectes et des oiseaux ; car l'atmosphère purifiée et débarrassée des vapeurs qui n'avaient cessé de couvrir la terre, permet aux organes délicats des oiseaux et des petits animaux de respirer et de vivre. Mais ce qu'il y a de plus remarquable, c'est l'incroyable quantité de mollusques, principalement des *foraminifères* (du latin *foramen* trou, *fero*, je porte) que contenaient les eaux marines. On peut dire sans exagération que Paris, Londres et Bruxelles sont bâtis avec les coquilles de ces mollusques. La plupart des espèces créées pendant la dernière période de cette époque vivent encore aujourd'hui.

La flore se rapproche et même souvent s'identifie avec celle de nos jours; c'est pendant cette période que les dicotylédones s'y montrent dans leur développement complet et que les fleurs, puis les fruits apparaissent.

Les terrains tertiaires se divisent en trois groupes ayant chacun une faune distincte, où la fréquence des espèces actuelles s'accuse de plus en plus :

1° Terrains tertiaires inférieurs ou **période éocène** (du grec *eos*, aurore ; *cainos*, récent) (aurore des espèces récentes).

Ces terrains sont composés de couches lacustres et marines alternant souvent entre elles, formées d'argile plastique, de sables, de calcaire grossier et de marnes gypseuses.

Les plus remarquables animaux terrestres sont des pachydermes, dont les principaux étaient les *palæotherium* (ressemblant aux tapirs), les *anoplotherium* (les grands ressemblant aux ânes et les petits aux lièvres) et les *xiphodon* (ressemblant aux chevreuils), qui vivaient en grands troupeaux et dont les espèces étaient fort nombreuses. Les mers renfermaient en grande quantité des poissons plats aux formes bizarres, des tortues et des crocodiles.

2° Terrains tertiaires moyens ou **période miocène** (du grec *meion*, moins) (moins d'espèces récentes).

Ces terrains présentent deux étages : l'étage de la *molasse*, formé de sables tantôt purs, tantôt argilifères ou micacés renfermant des bancs de grès parfois mêlés de calcaires, qu'on exploite dans les carrières de Fontainebleau, d'Orsay, de Montmorency, et qui servent au pavage des villes; et l'étage des *faluns*, amas considérables de coquilles et de polypiers presque entièrement pulvérisés, qui forment un calcaire léger et que l'on exploite aux environs de Tours et de Bordeaux pour le marnage des terres.

Cette époque vit apparaître des mammifères nouveaux :

MASTODONTE.

singes, chauves-souris, *chiens*, *marmottes*, *écureuils*, *rhinocéros*, *hipparion* (précurseur du cheval), *castors*, etc.; mais les plus remarquables, aujourd'hui éteints, étaient les *dinotherium*, les plus grands de tous, qui tenaient à la fois du tapir et de l'éléphant, et les *mastodontes* qui se rapprochaient de notre éléphant actuel.

3° Terrains tertiaires supérieurs ou **période pliocène** (du grec *pleion*, plus) (plus d'espèces récentes).

C'est pendant cette période que l'Europe a été bouleversée par de nombreux soulèvements qui ont formé plusieurs de ses montagnes, et que la terre commence à prendre sa température actuelle, car on voit disparaître les palmiers de nos climats.

Parmi les mammifères, les uns créés précédemment persistent en se modifiant (singes, rhinocéros, etc.) ou s'éteignent tels que le mastodonte; d'autres apparaissent pour la première fois tels que l'*hippopotame*, le *tapir*, le *chameau*, *cheval*, le *bœuf*, le *cerf*, comme mammifères ; et parmi les oiseaux, les *aigles*, les *vautours*, les *goélands*, les *hirondelles*, les *pies*, les *coqs*, etc.

La mer se peuple de *cétacés* (baleines, dauphins, narval et de *phoques*.

Terrains quaternaires — Apparition de l'homme — Ces terrains se distinguent des précédents en ce qu'ils ne présentent plus les caractères de sédiments réguliers, mais ceux de dépôts tantôt irréguliers, lorsqu'ils ont été apportés par des masses d'eau courant violemment, tantôt réguliers, lorsqu'ils ont été laissés par des eaux s'écoulant tranquillement. De là les noms de **terrains diluviens** que l'on donne aux premiers parce qu'on les a attribués à des dépôts provenant d'inondations subites et passagères semblables au *Déluge biblique*, ou de **terrains d'alluvion** que l'on donne aux seconds semblables aux dépôts réguliers que les fleuves font encore de nos jours. Ces dépôts sont généralement meubles, limoneux ou cailloutoux et se composent à leur base de gros galets roulés, entremêlés de sables de graviers reposant toujours sur un sol raviné.

L'origine de ces grandes inondations subites est le résultat de la fonte des grands glaciers, qui ont recouvert les continents au début de cette époque, que l'on nomme pour cette raison **période glaciaire**; car alors la Terre, probablement par suite d'un affaiblissement temporaire de la chaleur solaire, s'est subitement refroidie d'une manière très rigoureuse. Ce transport violent des eaux est la cause de la fréquence des *blocs erratiques* et des grandes quantités d'ossements que l'on trouve accumulés dans les *grottes* et les *cavernes*, ossements provenant de la mort en masse d'une grande quantité d'animaux soit par congélation, soit par submersion, et rassemblés par les eaux dans ces creux.

C'est après la période glaciaire que l'**homme** a fait son apparition sur la Terre, très probablement dans les riches plaines de l'Euphrate. Il ne tarda pas lui-même à être victime de ce genre de cataclysme, car c'est très relativement peu de temps après son apparition qu'eut lieu le *déluge d'Asie* (*déluge biblique*), qui s'explique très vraisemblablement par le soulèvement du Caucase (mont Ararat) et la fonte des glaciers qui recouvraient cette contrée, que provoquèrent des éruptions volcaniques.

La faune et la flore sont celles de nos jours. Toutefois certaines espèces d'animaux ont disparu dans ces cataclysmes; on doit principalement citer, parmi les mammifères, le *mammouth*, éléphant à crinière, un genre de *rhinocéros* à deux cornes, l'*ours des cavernes*, le *tigre des cavernes*, l'*hyène*

GÉOGRAPHIE GÉNÉRALE

des cavernes, certains *bœufs* et certains *cerfs*, tous beaucoup plus grands que leurs congénères qui vivent actuellement. En Amérique vivaient alors certains grands édentés de taille

MAMMOUTH.

colossale et d'une structure toute particulière, le *glyptodon*, le *megatherium*, le *mylodon* et le *megalonyx*, animaux herbivores, qui tenaient à la fois du tatou, du fourmilier et du paresseux. Enfin l'homme en a détruit lui-même quelques espèces dont les plus remarquables étaient les oiseaux gigantesques : l'*æpyornyx* ou ruc de Marco-Polo, qui se rapprochait

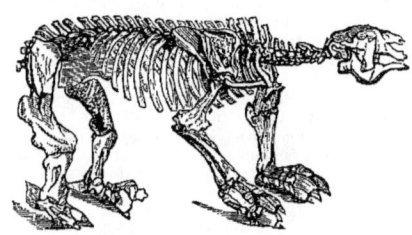

MEGATHERIUM.

du type casoar (son œuf avait le volume de huit œufs d'autruche), dont on ne retrouve plus de traces qu'à Madagascar ; et dans la Nouvelle-Zélande, le *dinornis* (moa, des indigènes) qui avait plus de 3 mètres de haut, et le *palapteryx*, genre d'échassier de 2 m. 30, complètement dépourvus d'ailes. N'a-t-il pas presque détruit récemment les *aurochs* et de nos jours les *bisons*. Il est même probable que d'ici quelques siècles les grands carnivores auront aussi disparu de la surface du globe.

Résumé. — Pendant l'époque primitive le règne minéral existe seul, la Terre est déserte. Pendant l'époque primaire ou de transition le règne végétal s'empare de toute la Terre d'un pôle à l'autre, tandis que le règne animal peuple d'abord les mers et commence à peupler les terres. Pendant l'époque secondaire les deux règnes, végétal et animal, se perfectionnent pour arriver à leur apogée pendant l'époque tertiaire ; enfin l'époque quaternaire voit arriver un règne nouveau, le règne humain « *l'homme* », qui dominera tous les autres et les façonnera à son usage.

DINORNIS.

L'OCÉAN

DIVISIONS DE L'OCÉAN

L'**Océan** se divise en cinq parties :

1° Le **Grand Océan**, ainsi nommé parce qu'il est le plus grand de tous ; il couvre en effet à lui seul près de la moitié du globe. Il mesure 180 millions de kilomètres carrés et s'étend entre l'Asie, les îles de la Sonde et l'Australie à l'O., les deux Amériques à l'E., le détroit de Behring au N. et le cercle polaire antarctique au S.

Il a été nommé d'abord **Mer du Sud** par Balboa qui le découvrit des hauteurs de Panama, puis **Océan Pacifique** par Magellan qui le traversa le premier ; mais c'était pendant la saison des calmes, car pendant la mauvaise saison il n'est pas plus pacifique que les autres.

2° L'**océan Indien**, qui mesure environ 70 millions de kilomètres carrés, est compris entre l'Afrique à l'O., l'Asie au N., les îles de la Sonde, l'Australie à l'E. et le cercle polaire antarctique au S.

3° L'**océan Atlantique**, qui tire son nom du voisinage de l'Atlas, mesure 90 millions de kilomètres carrés. Il s'allonge entre les deux Amériques à l'O., l'Europe et l'Afrique à l'E., le cercle polaire arctique au N. et le cercle polaire antarctique au S.

4° L'**océan Glacial arctique**, dont la surface est évaluée à 10 millions de kilomètres carrés, est délimité par le cercle polaire et baigne les côtes septentrionales de l'Europe, de l'Asie et de l'Amérique.

5° **L'océan Glacial antarctique**, dont la surface n'a pu être évaluée mais qui est certainement plus vaste que celle du précédent, est délimité par le cercle polaire.

Mers secondaires, golfes détroits, îles. — Chacun de ces océans forme des mers secondaires et renferme des *îles*, plus ou moins importantes; toutefois il y a lieu de remarquer que les mers secondaires sont plus nombreuses dans l'hémisphère boréal, et que les îles, au contraire, se trouvent en plus grand nombre dans l'hémisphère austral (à cause de l'Océanie). Ces océans et ces mers sont alimentés par les fleuves et les rivières qui, à de rares exceptions près, y portent les eaux qui s'écoulent de la surface des terres.

Le **Grand Océan** forme :

Entre l'Asie et l'Amérique : la **mer de Behring**, délimitée au N. par le *détroit de Behring* et au S. par les *îles Aléoutiennes*.

Sur la côte d'Asie : la **mer d'Okhotsk**, entre la Sibérie et les *îles Kouriles* ; — la **mer du Japon**, entre la Corée, la Mandchourie et l'*archipel Japonais* ; — la **mer Bleue** ou **mer Orientale**, entre la Chine et les *îles Liéou-Kiéou*, qui se prolonge dans les terres sous le nom de **mer Jaune** ; — la **mer de Chine**, entre la Chine et l'Indo-Chine d'une part, l'*île Formose* et l'*archipel Indo-Malais* (îles de la Sonde, Philippines, Bornéo, Sumatra, etc.) de l'autre. Cette mer communique avec l'océan Indien par les *détroits de Malacca* et *de la Sonde* qui sont, avec le canal de Suez, les grandes routes de l'Europe à la Chine et au Japon.

Dans l'*archipel de la Malaisie*, plusieurs mers intérieures dont les plus importantes sont la **mer de Célèbes** entre cette île et les Philippines, et la **mer de Java** entre cette île et celle de Bornéo.

Sur la côte N.-E. de l'Australie, la **mer de Corail**.

Sur la côte S. de l'Amérique du Nord, le profond **golfe de Californie** ou **mer Vermeille**.

Entre l'Amérique et l'Australie se rencontrent les *nombreux archipels* qui forment l'*Océanie* proprement dite.

L'**océan Indien** a pour mers secondaires :

Le **golfe du Bengale** entre les presqu'îles de l'Hindoustan et de l'Indo-Chine, et à l'entrée duquel émerge la magnifique *île de Ceylan*.

La **mer d'Oman** entre les presqu'îles de l'Hindoustan et de l'Arabie, qui pénètre dans l'intérieur des terres sous le nom de **golfe Persique**.

La **mer Rouge** entre l'Arabie et l'Afrique ; on y accède par le **golfe d'Aden** à l'entrée duquel on trouve l'*île de Socotora*. Elle communique avec la Méditerranée par le *canal de Suez*.

Les principales îles que l'on rencontre au milieu de cet océan sont : *Madagascar*, la plus grande île du globe, séparée du continent africain par le *canal de Mozambique*, les *Comores*, les *Seychelles* et les *Mascareignes* (la Réunion, Maurice).

L'**océan Atlantique** est celui dont les côtes sont les plus découpées, surtout dans la partie septentrionale. Il forme de nombreuses mers intérieures.

En Europe, la **mer d'Irlande**, au milieu des *îles Britanniques* ; — la **mer du Nord**, entre ces îles, l'Allemagne et la péninsule Scandinave, se prolonge à l'intérieur des terres par la mer **Baltique** avec laquelle elle communique par les détroits de l'*archipel danois*, et que termine le profond **golfe de Bothnie** ; — la **Manche**, entre l'Angleterre et la France, débouche de la mer du Nord par le *Pas de Calais* ; — le **golfe de Gascogne** que les Espagnols nomment **golfe de Biscaye** et que l'on désigne quelquefois encore sous le nom de **mer de France**, entre la France et l'Espagne.

Entre l'Europe et l'Afrique, le *détroit de Gibraltar* donne issue à la **mer Méditerranée**, la plus vaste et la plus importante des mers intérieures, qui baigne l'Afrique septentrionale, l'Asie occidentale et l'Europe méridionale. Elle forme elle-même beaucoup de mers intérieures : la **mer Ionienne**, entrée de la **mer Adriatique** ; l'**Archipel** qui sert de débouché à la **mer de Marmara**, qui reçoit en plein de la **mer Noire**, qui elle-même est alimentée par la **mer d'Azov**. Elle renferme des îles importantes : *îles Baléares*, *Corse*, *Sardaigne*, *Sicile*, *Malte* et les nombreuses *îles de l'Archipel*.

Sur la côte d'Afrique : le vaste **golfe de Guinée**.

Sur la côte de l'Amérique du Nord : le *détroit de Davis* qui sert d'entrée à la **mer Polaire** ; le *détroit d'Hudson* par lequel débouchent les eaux de la vaste **baie d'Hudson** ; — le **golfe de St-Laurent**, protégé par l'*île de Terre-Neuve*.

Entre les deux Amériques : le **golfe du Mexique** séparé de la **mer des Antilles**, appelée quelquefois mer des **Caraïbes**, par la presqu'île du Yucatan ; ces deux mers sont presque fermées par la presqu'île de la Floride, les *îles de Cuba*, *d'Haïti*, *de Porto-Rico* et le groupe des *petites Antilles*.

Les côtes de l'Amérique du Sud ne présentent de véritables golfes qu'avec les bouches de l'*Amazone* et l'estuaire du *rio de la Plata*.

Les principales îles de cet océan, en dehors de celles que nous avons nommées, sont :

Au nord de l'Equateur : l'*Islande*, en regard du Groenland ; les *îles Açores*, à la hauteur du Portugal ; les *îles Madère* et les *îles Canaries*, en face du Maroc ; les *îles du Cap-Vert*, vis-à-vis de la Sénégambie.

Au sud de l'Equateur : l'*île Sainte-Hélène* où fut transporté Napoléon 1er, entre l'Afrique et le Brésil ; les *îles Falkland* ou Malouines et l'*archipel de la Terre de Feu* au sud de l'Amérique.

Enfin cet océan communique à l'O. avec l'océan Pacifique par le *détroit de Magellan*, entre la Terre de Feu et le continent, qui permet d'éviter de doubler le dangereux cap Horn ; et à l'E. avec l'océan Indien, mais en doublant le cap de Bonne-Espérance, au sud duquel les tempêtes sont terribles.

L'**océan Glacial arctique** baigne les côtes excessivement découpées du nord de l'Europe, de l'Asie et de l'Amérique. On y remarque :

En Europe : les *îles Lofoden*, la **mer Blanche**, l'île de la *Nouvelle-Zemble*, et plus au nord l'*archipel du Spitzberg* et les *Terres de François-Joseph*.

En Asie : la **mer de Kara**, l'*archipel de la Nouvelle-Sibérie* ou *Liakhov* et la *Terre de Wrangel*.

En Amérique : le Groenland, immense glacier séparé des terres arctiques de l'Amérique par une série de détroits (*détroit de Davis*, *baie de Baffin*, *détroit de Smith*, etc.)

qui mènent à la **mer Polaire** ou **mer de Lincoln** par 82° de latitude N. qui, d'après Kane et Hayes, serait libre de glaces et par laquelle plusieurs navigateurs ont espéré atteindre le pôle.

Les *Terres arctiques* (terres de Baffin, Nord Devon, terre de Grant, îles Parry, terre de Banks, Grande-Terre, etc.) sont des îles glacées, au milieu desquelles de hardis marins ont cherché vainement et aux dépens de leur vie, le problématique *passage du Nord-Ouest* (détroit de Davis, baie de Baffin, détroit de Lancastre, détroit de Barrow, baie de Melville, détroit de Mac Clure).

L'océan Glacial antarctique baigne un continent glacial encore inconnu. Les rares terres, inhabitées du reste, qu'on y a découvertes sont les *Shetland* et les *Orcades australes* avec les *Terres Louis-Philippe* et *Alexandre I*er au sud de l'Amérique; quelques terres en regard de l'Australie, et plus au sud par 78° de latitude, sous le méridien de la Nouvelle-Zélande, James Ross y a découvert la *Terre Victoria* qui renferme deux volcans auxquels il a donné les noms de ses vaisseaux *l'Erebus* (3 800ᵐ, en activité) et *le Terror*.

PROFONDEUR

La **profondeur** des mers est très variable, on remarque qu'en général *plus on s'éloigne des côtes, plus elle augmente*.

Dans un grand nombre de points elle ne dépasse pas 1 000 mètres; dans plusieurs même elle est loin d'atteindre cette limite, comme par exemple dans la Manche et dans la plupart des mers intérieures où elle descend rarement à plus de 100 mètres. Les plus grandes profondeurs qui ont été relevées sont: pour l'océan Atlantique, 5 400 mètres au N.-O. des petites Antilles; pour l'océan Pacifique, 8 600 mètres au N.-E. du Japon; pour l'océan Indien, 5 500 mètres au S. de l'île de Java.

C'est une région pleine de mystères que le fond de l'Océan. Toutefois l'examen attentif de la surface du globe conduit à ce sujet à une conclusion plausible; il est en effet incontestable que la mer n'a pas toujours occupé la même place et les géologues ont pu tracer les limites générales des mers aux divers âges de la terre. On est donc amené naturellement à penser que le relief du fond de la mer doit être semblable à celui du continent et que l'on doit y rencontrer des abîmes comparables comme profondeur à la hauteur des plus hautes montagnes, des vallées et des plateaux, la proportion de ces derniers paraît même plus considérable que sur la surface émergée.

TEMPÉRATURE

La **température** de la mer à sa surface, présente les mêmes variations que la température de l'air; toutefois la température moyenne de l'eau est ordinairement un peu supérieure à celle de l'air. En général l'eau s'échauffe plus lentement que l'air, de sorte que dans le jour elle devra être plus froide et dans la nuit plus chaude, c'est le cas le plus ordinaire pour les mers dont les latitudes ne sont pas trop hautes.

La température de la mer *varie* du reste d'une manière fort surprenante *d'après la profondeur* où on la prend.

Sous les tropiques elle décroît très rapidement, si bien qu'à 1 500 ou 1 600 mètres elle peut descendre jusqu'à 2 ou 3 degrés. Ce décroissement a lieu également, mais moins rapide, dans les régions tempérées, et d'une manière générale, suivant que la latitude augmente.

Vers les pôles c'est le contraire que l'on observe; la température, très basse à la surface, s'accroît légèrement avec la profondeur. Enfin nous ajouterons que les variations soit diurnes, soit mensuelles, ne se font plus sentir au delà de 400 mètres, et qu'alors le thermomètre constate une température toujours égale à une même profondeur dans n'importe quelle saison.

COMPOSITION DE L'EAU DE MER

L'eau de mer renferme en dissolution une grande quantité de sel appelé pour cela *sel marin* (chlorure de sodium).

On y trouve encore des *chlorures* de magnésium et de calcium, des *sulfates* de soude et de magnésie, des *carbonates* de chaux et de magnésie, des *bromures* et des *iodures* de sodium, etc., des *gaz*, des *matières organiques* provenant des innombrables animaux et végétaux qui y vivent, et enfin des traces de la presque totalité des éléments chimiques du globe, ce qui se comprend aisément puisque l'océan en est en quelque sorte le réceptacle général.

Voici, d'après Marcet, quel serait le poids des principales matières salines contenues dans un kilogramme d'eau de mer recueilli au milieu de l'océan Atlantique:

Chlorure de sodium 26ᵍʳ,600
—   de magnésium 5 134
—   de calcium 1 232
Sulfate de soude. 4 000

La **salure** de la mer n'est pas la même partout, elle est plus faible dans les régions du nord que dans les régions tropicales. Elle ne change pas avec la profondeur.

DENSITÉ DE L'EAU DE MER

La **densité** varie suivant les mers; en voici quelques exemples:

Océan Arctique	1,02664
Océan Atlantique. { hémisphère nord	1,02729
équateur	1,02777
hémisphère sud.	1,02920
Mer Méditerranée	1,02930
Mer Noire.	1,04400
Mer Blanche.	1,11900
Mer Baltique.	1,01600

NIVEAU DES MERS

Le **niveau moyen** des différentes mers n'est pas exactement le même; c'est ainsi que, d'après un ancien nivellement fait au moment de l'expédition d'Egypte, on avait trouvé le niveau de la mer Rouge supérieur de 7 à 8 mètres à celui de la Méditerranée; on a reconnu depuis que ces chiffres sont exagérés, mais il y a néanmoins une différence de niveau dont les ingénieurs qui ont percé le canal de Suez ont eu à se préoccuper. Il existe une différence de 1 mètre environ entre le niveau de l'océan Pacifique et celui de la mer des Antilles, à la hauteur de l'isthme de Panama.

Quant aux *mers intérieures*, qui sont sans communication avec la masse générale de l'Océan, leur différence de niveau avec les mers voisines peut être très forte; ainsi la mer Caspienne est à 26 mètres au-dessous de la mer d'Azov, et la mer Morte à 480 mètres au-dessous de la Méditerranée. En général ces mers contiennent beaucoup plus de matières salines que les autres, c'est ce qui les fait considérer par certains géographes comme des mers en voie de se dessécher.

COULEUR DE LA MER

La surface des flots revêt les **couleurs** les plus variées et les plus belles.

Les différences de coloration que l'on remarque ont pour cause la salure de la mer, la réflexion du ciel, la décomposition d'organismes végétaux, le limon qu'apportent les fleuves (mer Jaune), la couleur des madrépores qui en tapissent le fond ou les bords (mer Vermeille, mer Rouge), la présence d'herbes marines (mer des Sargasses, mer Verte), ou encore d'autres causes, telles que les glaces recouvertes de neige (mer Blanche) ou les brouillards (mer Noire).

De plus les mers offrent un phénomène commun, la **phosphorescence**, qui est dû à la présence d'animalcules microscopiques ou de certains poissons; ce phénomène est surtout remarquable dans les mers équatoriales.

AGITATION DE LA MER

L'Océan est sans cesse agité de **mouvements divers** les uns réguliers, les autres irréguliers.

Les premiers ont pour cause les **marées** et les **courants**, et les seconds sont dus aux **phénomènes atmosphériques** (vents, ouragans, tempêtes, cyclones, typhons, etc.) qui viennent s'ajouter aux précédents sans toutefois en arrêter la régularité.

MARÉES

Les **marées** sont ces mouvements de la mer dans lesquels on la voit *monter* puis *descendre* régulièrement, et auxquels on donne les noms de **marée montante** ou **flux** et **de marée descendante** ou **reflux**.

Ces marées sont causées, ainsi que nous l'avons vu, par l'attraction simultanée de la Terre par la Lune et le Soleil; toutefois cette attraction n'est pas égale et celle de la Lune est deux fois plus considérable que celle du Soleil, par suite du rapprochement de cette planète. Aussi lorsque ces deux astres sont en conjonction, époque de la *nouvelle lune*, et en opposition, époque de la *pleine lune*, c'est-à-dire au moment des *syzigies*, on a les plus **fortes marées** que les marins appellent **marées de vives eaux**; tandis qu'au moment des *quadratures*, époques du *premier quartier* et du *dernier quartier*, on a les plus **faibles marées** ou **marées de morte eau**. Toutefois, la plus grande marée d'une syzigie n'a pas lieu à l'instant de cette syzigie, mais un jour et demi ou 36 heures après.

Le phénomène du flux et du reflux *se reproduit périodiquement* toutes les 12 heures 25 minutes; il y a donc un intervalle de 6 heures 12 minutes et 30 secondes entre la *pleine mer*, c'est-à-dire au moment où la mer atteint son niveau le plus élevé, et la *basse mer*, c'est-à-dire au moment où la mer atteint son niveau le plus bas.

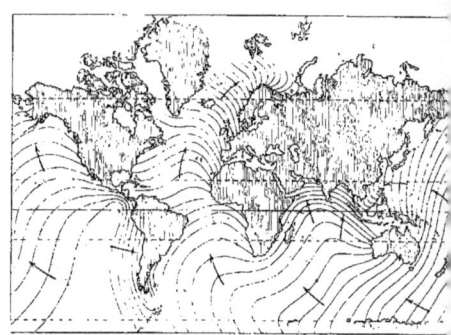

Propagation des marées sur les côtes.

L'heure de la pleine mer n'est pas fixe, elle change *retarde* chaque jour régulièrement de 50 minutes, comme celle du passage de la Lune au méridien inférieur ou supérieur.

Cette heure est fixée d'après *l'établissement du port*; on nomme ainsi l'heure de la pleine mer en ce port le jour d'une syzigie; la différence d'heure d'un port à l'autre provient de la configuration des côtes.

Voici la valeur de l'établissement du port pour certaines localités:

Dunkerque	12 h.	15 m.
Dieppe	11	8
Cherbourg	7	58
Saint-Malo	6	10
Brest	3	46
Emb. de la Gironde	5	59
Bordeaux	6	54
Bayonne	4	5

La marée met donc un temps assez long à se propager dans la Manche et généralement dans un golfe profond et dans l'embouchure d'un fleuve.

La mer ne monte pas également sur toutes les côtes, cela tient à leur configuration et à des circonstances locales qui peuvent en modifier considérablement le mouvement; elle monte davantage là où les côtes opposent une résistance considérable à la propagation de l'onde.

En France, les marées de la Méditerranée sont presque nulles, celles de l'Océan sont ordinaires, tandis que celles de la Manche sont plus fortes; ainsi à Saint-Malo elles peuvent atteindre jusqu'à 19 mètres, c'est-à-dire qu'il y a 19 mètres de différence entre la basse mer et la pleine mer, et la mer couvre 6 kilomètres de grève en moins de 6 heures.

on nomme *unité de hauteur* dans un port, la hauteur
de l'eau au-dessus du niveau moyen au moment d'une pleine
mer à l'époque des sizigies; cet élément a été déterminé
pour chaque port, en voici quelques uns :

Dunkerque	2 m.	68
Calais	3	12
Dieppe	4	40
Le Havre	3	50
Cherbourg	2	82
Granville	6	11
Saint-Malo	5	67
Brest	3	21
Lorient	2	38
Entrée de l'Adour	2	00

Pour avoir la hauteur d'une marée dans un port, on multiplie l'unité de hauteur de ce port par la hauteur de la marée donnée par des ouvrages spéciaux : la *Connaissance des temps*, l'*Annuaire du bureau des longitudes* ou l'*Annuaire des marées*.

Enfin nous ferons remarquer que le *mode de propagation* des marées est du sud au nord, c'est-à-dire que le mouvement originel commence aux environs du pôle sud et qu'il avance progressivement jusque devers le pôle nord où il va mourir.

Lorsque le mouvement des vagues est contrarié par la configuration des côtes, et notamment dans certains détroits, les marées produisent des courants que l'on nomme *raz*, très dangereux pour la navigation à cause de leurs brusques changements de direction, de leurs remous ou de leurs tourbillons; tels sont, par exemple, le raz Blanchard et le passage de la Déroute entre le Cotentin et les îles Anglo-normandes, et le célèbre Maëlstrom sur la côte de Norvège à l'entrée du golfe Occidental et au sud de l'archipel Lofoden.

Lorsque le flot montant vient à se heurter dans l'embouchure d'un grand fleuve aux eaux qui descendent, il monte par-dessus ces eaux en formant une grosse vague écume, d'une hauteur pouvant atteindre 5 mètres à son origine, puis cette vague continue à remonter le courant en diminuant régulièrement, mais en diminuant peu à petit jusqu'à ce qu'elle s'affaisse complètement, indiquant ainsi le point où la marée cesse de se faire sentir dans ce fleuve.

On nomme ce phénomène *barre* ou *mascaret*. En France les deux plus beaux mascarets sont ceux de la Seine et de la Gironne. La barre de l'Amazone, nommée par les Brésiliens *proroca*, remonte le fleuve jusqu'à 800 kilomètres et est très dangereuse.

COURANTS

On nomme **courant** la direction particulière du mouvement des eaux qui se portent vers un point fixe.

Les courants sont dus à deux causes principales : la *chaleur* et la *rotation de la Terre*.

Aux pôles la mer est gelée, à l'équateur elle est à haute température. Or toute masse liquide tend à avoir une chaleur dans toutes ses parties, il y aura donc échange continuel entre le pôle et l'équateur; l'eau froide tombant au fond de la mer en vertu de sa lourdeur, se dirigera vers l'équateur, qui en est la partie la plus chaude, tandis que l'eau chaude plus légère glissera à la surface; il résultera forcément de ces déplacements des courants de l'équateur au pôle; ce sont les *courants chauds*.

D'un autre côté le Soleil fait évaporer une masse d'eau considérable à l'équateur (120 millions de mètres cubes par an), tandis qu'au pôle l'évaporation est presque sans importance, donc les eaux du pôle tendent à venir vers l'équateur pour rétablir l'équilibre, et il résultera de cet autre déplacement des courants du pôle à l'équateur; ce sont les *courants froids*.

Ces deux sortes de courants sont désignés sous le nom général de **courants thermaux**.

Enfin, dans le mouvement de la Terre autour de son axe, les eaux, grâce à la fluidité de leurs molécules, ne suivent pas ce mouvement de rotation (de l'ouest à l'est) aussi vite que les masses solides; ce retard donne naissance à des courants qui vont de l'est à l'ouest, parallèlement à l'équateur, ce sont les **courants de rotation**.

Ces courants se gênent les uns les autres, se heurtent même avec assez de force pour créer des **contre-courants**, et sont en outre contrariés dans leur direction par les continents. Ils sont donc très variables dans leur marche. Aussi n'a-t-on pu les étudier et les suivre que d'après les observations des navigateurs.

Nous n'indiquerons que les *principaux courants*; il sera facile d'après leur direction de voir à quelle sorte ils appartiennent.

Dans l'**océan Atlantique**, on rencontre :

1° Le **grand courant équatorial du Sud** qui part des côtes de l'Afrique australe et aboutit au Brésil, en face du cap San Roque; là il se *bifurque*, une branche se dirige vers le sud sous le nom de *courant du Brésil*, l'autre se dirige vers le nord-ouest et vient finir par le canal du Yucatan dans le golfe du Mexique.

2° Le **courant équatorial du Nord** qui va des îles du Cap-Vert aux Antilles qu'il traverse pour aboutir au golfe du Mexique où il pénètre également par le canal du Yucatan.

3° Le **contre-courant équatorial** qui se forme à la réunion des deux premiers courants, vers les petites Antilles à la côte de Guinée où il se *bifurque*, la branche nord se dirige vers les îles du Cap-Vert, et la branche sud-est à laquelle on donne le nom de *courant de Guinée* descend le long de la côte de l'Afrique australe.

4° Le **Gulf-Stream** ou **courant du Golfe**, le plus fort et le plus beau de tous, sort, par le canal de la Floride, du golfe du Mexique avec une température de 38° environ, 1000 mètres de profondeur, plus de 100 kilomètres de large et une vitesse de 6 kilomètres à l'heure; il suit les côtes des États-Unis jusqu'à Terre-Neuve où il rencontre le courant polaire qui le force à s'élargir et à se diriger vers le nord-est, c'est-à-dire vers les côtes de l'Europe occidentale qu'il vient réchauffer de ses tièdes émanations; grâce à lui chaleurs qu'ont conservé ses eaux, l'Islande et le Spitzberg lui doivent de n'être pas d'un bout de l'année à l'autre cernés par les glaces. C'est ce courant qui a probablement donné à Christophe Colomb l'idée d'un nouveau monde, en apportant sur les côtes de l'Espagne des troncs d'arbres d'une espèce inconnue et même des cadavres d'hommes d'une race que l'on n'avait jamais vue.

Il envoie vers l'ouest *deux branches* :

La première (méridionale) s'en détache un peu au-dessus des Açores, se dirige vers le sud, longe les côtes du Sahara et de la Sénégambie, et rejoint aux îles du Cap-Vert le courant équatorial du Nord, décrivant ainsi avec celui-ci un circuit complet entourant une mer tranquille, au milieu de laquelle flottent d'immenses champs d'herbes marines appelées *sargasses* (varechs ou fucus).

La seconde (septentrionale) qui porte le nom de *courant de Rennell*, s'en détache au-dessus de la précédente et se dirige sur le golfe de Gascogne qu'elle longe ainsi que les côtes de Bretagne et va rejoindre la branche mère à la hauteur de l'Irlande.

5° Les deux grands courants polaires qui descendent de chaque côté du Groënland et portent les noms, celui de l'est de **courant du Groënland** et celui de l'ouest de **courant de Baffin**, se rejoignent au sud du cap Farewell et viennent, en amenant leurs énormes blocs de glaces, se fondre dans le Gulf-Stream tout en longeant et refroidissant la côte orientale des États-Unis. C'est la rencontre de ces deux courants qui produit ces épais brouillards si fréquents autour de l'île de Terre-Neuve, causes de tant d'accidents pour les navires qui fréquentent ces parages, surtout pour les pêcheurs de morue.

6° Les courants polaires du sud, immenses fleuves d'eau glacée qui remontent vers le nord, dont le principal est le **courant du Cap Horn** qui, après avoir contourné l'Amérique du Sud, se dirige vers l'est, c'est-à-dire sur les côtes de l'Afrique australe qu'il remonte en formant le *courant de l'Afrique du Sud* et va se fondre dans le grand courant équatorial du sud.

Dans le **Grand Océan** on retrouve identiquement la même disposition de courants que dans l'Atlantique, on a donc :

1° Le grand courant équatorial du Sud qui part des côtes du Pérou et vient finir sur la Nouvelle-Guinée et l'Australie, traversant ainsi tout l'Océan sur une largeur de 3 000 kilomètres.

2° Le **courant équatorial du Nord** qui commence dans les environs des îles Sandwich, au large de la côte du Mexique, et se termine en regard des îles Liéou-Kiéou et des Philippines.

3° Le contre-courant équatorial qui se forme à la rencontre des deux premiers, entre les îles Philippines et la Nouvelle-Guinée, et vient finir à l'isthme de Panama.

4° Le **courant du Japon** ou **courant de Tessen**, le **Kuro-Siwo** ou fleuve Noir des Japonais, correspond au Gulf-Stream ; il commence aux îles Liéou-Kiéou, longe l'archipel japonais, continue sa route en traversant l'océan sous le nom de *courant du Pacifique septentrional* ; mais après sa rencontre avec le courant polaire, il redescend vers le sud en longeant l'Amérique du Nord sous le nom de *courant de la Californie* et vient se fondre dans le courant équatorial du Nord avec lequel il décrit ainsi un immense circuit, au milieu duquel se trouvent de vastes champs de sargasses.

À la hauteur des îles Kouriles, il s'en détache sur la gauche une *branche* qui longe le Kamtchatka, traverse le détroit de Behring au milieu du courant polaire, et va tomber dans les eaux glacées de l'océan Arctique.

5° Le **courant de Behring**, courant polaire, part de l'océan Glacial arctique, traverse le détroit de Behring et s'incline vers l'est par suite de sa rencontre avec le courant précédent, longe les îles Aléoutiennes, l'Alaska et l'Amérique anglaise et vient finir dans le courant de la Californie à hauteur de l'île Vancouver.

6° Parmi les courants polaires du sud, un seul mérite d'être signalé, c'est le **courant Austral** qui, à l'ouest du cap Horn, se divise en *deux branches*, l'une sous le nom de *courant du cap Horn* se rend, ainsi que nous l'avons vu, dans l'Atlantique, et l'autre, sous le nom de *courant de Humboldt* longe la côte du Chili qu'il rafraîchit, et vient se fondre dans le grand courant équatorial du sud.

L'**océan Indien** est sillonné de nombreux courants peu d'étendue, mais dont les directions sont souvent croisées. Les plus importants sont :

1° Le **courant Ouest-Australien** qui vient du sud longe la côte occidentale de l'Australie, traverse l'Océan le nom de *courant de l'océan Indien*, et arrive au-dessus de l'île de Madagascar où il se *bifurque*, la branche nord finir sur la côte du Zanguebar, et la branche sud dans le canal de Mozambique.

2° Le **courant du Malabar** qui sort du golfe du Bengale, contourne Ceylan et finit également sur la côte du Zanguebar.

3° Le **courant du Cap** qui naît dans le canal de Mozambique, longe la côte d'Afrique australe jusqu'à la hauteur du cap de Bonne-Espérance, puis tourne subitement à l'est pour aller finir dans les régions polaires.

Les **mers intérieures** ont aussi des courants, ceux-ci sont dus aux *différences des niveaux* qui existent entre elles, différences causées : soit par l'*apport des fleuves* qui élèvent leur niveau, comme par exemple la mer Baltique qui s'écoule par les détroits des deux Belt et du Sund dans la mer du Nord, et la mer Noire qui s'écoule par le Bosphore, la mer de Marmara et les Dardanelles dans l'Archipel ; soit par l'*évaporation* qui abaisse leur niveau, comme par exemple, la mer Méditerranée que l'Atlantique alimente par le détroit de Gibraltar, et la mer Rouge que l'océan Indien alimente par le détroit de Bab-el-Mandeb.

L'ATMOSPHÈRE

Le globe terrestre est entouré d'une masse gazeuse appelée **atmosphère**, et qui est formée par l'air, élément indispensable à la respiration des animaux et des végétaux.

AIR

L'air au milieu duquel nous naissons et nous vivons, paraît sans odeur ni saveur ; vu sous une faible épaisseur il est incolore, mais en masse il est bleu ; c'est lui qui a donné au ciel sa couleur et qui nous fait voir avec cette teinte bleue les objets éloignés.

Ce fluide est un corps pesant ; à la température de sous la pression normale de 0^m76, un mètre cube 1 En raison de son immense étendue, l'atmosphère doit peser d'un poids énorme à la surface de la Terre ; ce est en moyenne de 10 336 kilogr. par mètre carré.

Il est essentiellement formé du mélange de deux gaz, (68) et **oxygène** (32), dans des proportions que l'on trouve

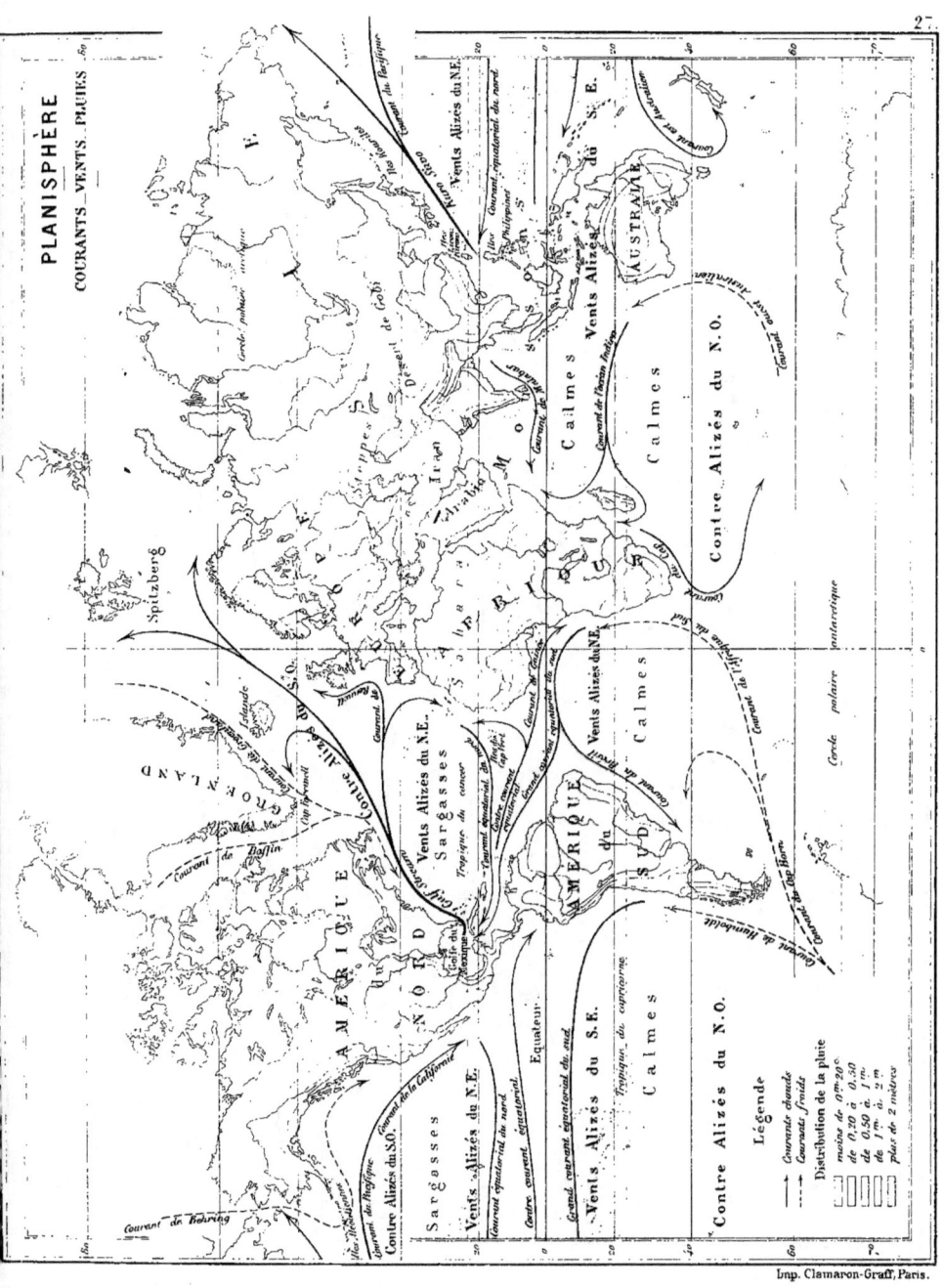

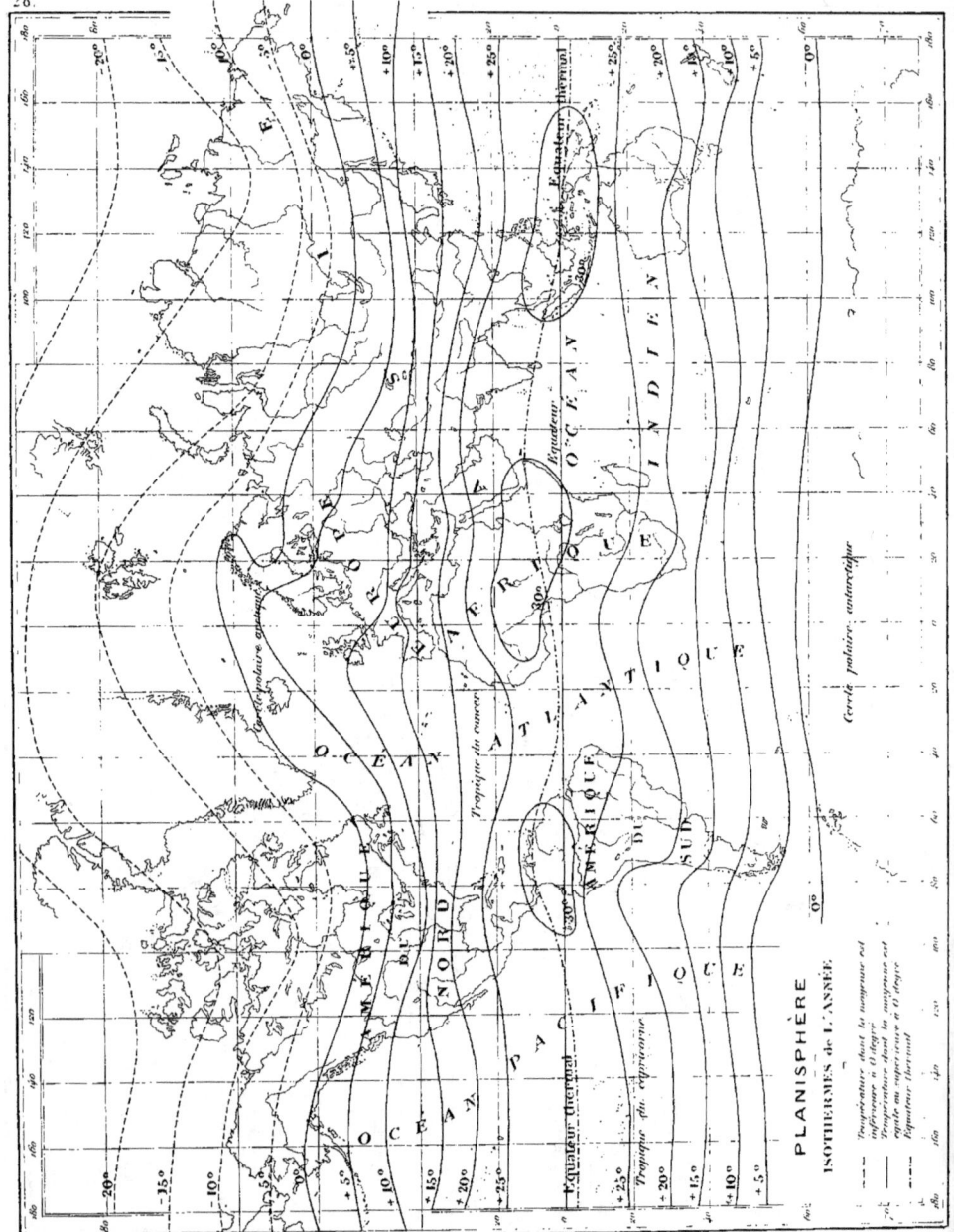

siblement les mêmes sur tous les points du globe. Il contient en outre une très petite quantité d'*acide carbonique*, et une proportion variable de *vapeur d'eau*.

La *hauteur* de l'atmosphère n'est pas connue exactement ; on lui assigne en général 15 à 16 lieues (70 kilomètres). Certains astronomes ne lui accordent que 40 à 50 kilomètres tandis que d'autres vont jusqu'à 500.

Sa *densité* diminue au fur et à mesure que l'on s'élève, de sorte que plus on monte, plus la respiration devient difficile et qu'à la hauteur de 10 kilomètres, il est impossible à l'homme de vivre. En France le village le plus élevé est St-Véran (Hautes-Alpes) à 2009^m ; le fameux couvent du Grand St-Bernard est à 2472^m.

La *température* de l'air est extrêmement variable à la surface de la terre, suivant les saisons et les climats ; mais elle varie également dans un même lieu avec la hauteur à laquelle on s'élève au-dessus du sol. Dans nos climats, cette variation est en moyenne de 1° par 150 ou 200 mètres d'élévation. Le 27 juillet 1850 la température de l'air a été trouvée de 40° au-dessous de zéro à la hauteur de 7000^m, à laquelle étaient arrivés MM. Barral et Bixio dans leur ascension en ballon. Aussi rencontre-t-on dans toutes les latitudes, même sous les régions tropicales, des montagnes dont les sommets plongent dans une couche d'air dont la température moyenne annuelle est inférieure à zéro, restent, par conséquent, toute l'année couverts de neige.

VENTS

L'air, à cause de son extrême fluidité, de l'inégalité de sa température en ses divers points et des variations de poids qu'il éprouve, à égalité de volume, sous l'influence de la chaleur, doit être dans un état perpétuel d'agitation. De là en effet naissent des **courants** semblables à ceux de l'Océan et que l'on appelle **vents**. En raison même de l'extrême fluidité de l'air et des divers phénomènes atmosphériques qui peuvent se produire, ces vents sont excessivement variables ; toutefois on peut constater des *courants constants* ce sont ceux qui sont produits par les *vents de rotation* (vents alizés, moussons) et par les *vents thermaux* (vents se dirigeant des pôles à l'équateur et de l'équateur aux pôles).

Les vents reçoivent suivant leur vitesse des désignations spéciales. Quand cette vitesse est inférieure à 10^m par seconde, on les appelle *petite brise, jolie brise* ; la *brise fraîche* correspond à une vitesse de 10^m, le *grand frais* à une vitesse de 20^m. Au-dessus le vent devient dangereux en mer. La vitesse du vent peut atteindre 40 ou 50^m par seconde, il est alors capable de renverser les édifices, de déraciner les arbres, et constitue alors un *ouragan* ou une *tempête*.

Il est à peu près impossible de donner une théorie générale des mouvements de l'atmosphère, mais le principe de l'origine des vents que l'on nomme *réguliers* est celui-ci : quand deux régions voisines sont inégalement chauffées, il s'établit à la partie supérieure un vent allant de la région chaude à la région froide et un vent inverse à la surface du sol.

Brises. — Sur les côtes, quand le temps est calme, on observe à partir de 9 ou 10^h du matin, un vent venant de la mer, dont la force s'accroît jusque vers 2 ou 3 heures. A partir de ce moment il s'affaiblit, et cesse un peu avant le coucher du Soleil pour faire place quelques heures après à un vent de terre qui souffle à peu près jusqu'au lever du Soleil. Ces vents, que l'on nomme la *brise de mer* et la *brise de terre*, se produisent avec une très grande régularité, mais ils peuvent être masqués par l'existence d'autres vents soufflant en même temps qu'eux.

Vents alizés. — Les vents alizés sont les vents qu'on observe plus particulièrement dans l'Atlantique et qui dans notre hémisphère soufflent du N.-E. au S.-O. ; dans l'hémisphère austral ils soufflent du S.-E. au N.-O. Ils se produisent avec une régularité absolue, et ne s'étendent que fort peu au delà de la région intertropicale.

Calmes. — Vers l'équateur se trouve la rencontre des deux alizés, c'est la région dite des calmes, expression qui signifie seulement qu'il n'y a pas de vents à direction régulière, car c'est ordinairement dans ces parages que s'engendrent le plus aisément des bourrasques ou des tempêtes plus ou moins violentes.

Contre-alizés. — A l'alizé inférieur correspond le contre-alizé supérieur, résultant de l'écoulement de l'air échauffé vers les pôles. Ce contre-alizé s'abaisse graduellement vers la terre et l'atteint vers le 40° ou le 50° degré de latitude ; il constitue un vent du S.-O. qui est en effet le vent dominant dans le nord de l'Europe.

Moussons. — Les moussons sont des vents qui règnent surtout dans la mer des Indes et qui sont subordonnés au mouvement du soleil. Pendant l'été le Soleil étant au-dessus de l'équateur, les plateaux du centre de l'Asie (Himalaya et Tibet) s'échauffent considérablement, tandis qu'il se produit un refroidissement du côté de l'Australie et de l'Afrique méridionale ; il en résulte des brises diverses dont les résultantes sont la mousson du S.-O. qui règne d'avril à octobre et la mousson du N.-E. qui règne d'octobre à avril.

NUAGES

Les vents en passant sur une surface humide s'imprègnent de vapeur d'eau qui, lorsqu'elle est condensée, forme les *brouillards* à la surface du sol, et les *nuages* dans les régions supérieures de l'atmosphère.

Les nuages changent continuellement de grandeur, de forme et d'épaisseur.

Leur couleur est changeante, ils sont blancs quand ils réfléchissent la lumière du Soleil, et noirs quand ils ne se laissent pas traverser par cette lumière ou qu'ils l'absorbent sans la réfléchir.

Leur hauteur est très variable, la moyenne est de 500 à 1500^m, mais il y en a qui quelquefois comme les cirrus se tiennent à plus de 7000^m.

D'après leur forme on en a distingué quatre sortes :

Les *cumulus*, gros nuages blancs et ronds, qui présagent les orages pendant les chaleurs de l'été.

Les *cirrus* qui ont tantôt l'aspect de flocons légers, tantôt celui de filaments et qui font dire du ciel qu'il est *pommelé*. Leur apparition présage en général un changement de temps ; en été ils annoncent la pluie ; en hiver, la gelée ou le dégel. Ils sont formés de petites aiguilles de glace.

Les *stratus* se présentent sous la forme de bandes horizontales le soir au coucher du Soleil, et disparaissent à son lever ; lorsqu'ils sont rouges, ils annoncent généralement le beau temps.

Les *nimbus* sont de gros nuages de couleur foncée qu'il est difficile de distinguer les uns des autres et qui se résolvent d'ordinaire en pluie.

PLUIE

La *pluie* provient du refroidissement de l'air qui fait que les nuages laissent alors échapper la vapeur d'eau qu'ils tiennent en suspension. Ce refroidissement est produit généralement par le contact de deux masses aériennes inégalement chauffées, qui se heurtent et se mélangent ; il résulte de ces rencontres que la pluie tombe en plus grande abondance sur les pentes des montagnes et principalement sur celles qui sont exposées aux vents qui apportent les nuages.

La pluie tombe inégalement sur la surface de la terre ; la quantité de pluie est d'autant plus grande que l'altitude est plus élevée. On remarque en Europe que les régions situées au sud et au sud-ouest des montagnes et surtout celles qui sont voisines de la mer, sont en général celles où il tombe le plus d'eau ; ainsi il tombe annuellement $0^m,904$ de pluie à Brest, tandis qu'il n'en tombe que $0^m,5685$ à Paris et $0^m,5227$ à Berlin.

C'est la région des Ghattes (Hindoustan) qui est la plus pluvieuse de la terre, plus de 6^m par an ; en Angleterre, sur le versant de l'Atlantique, la moyenne est de 3^m ; dans la Basse-Égypte, à Alexandrie, il ne tombe que $0^m,175$; tandis que dans les déserts qui sont au nord de l'équateur la pluie est presque inconnue. Toutefois ce sont là des exceptions.

La moyenne de la pluie qui tombe annuellement sur la plus grande partie de la surface du globe est de $0^m,650$; elle tombe d'une manière assez régulière suivant les latitudes, aussi a-t-on pu en répartir la distribution par *zones*, qui du reste correspondent aux zones thermales ou géographiques. Ces zones sont au nombre de 11, savoir :

2 zones polaires, des pôles au 60° environ, dans lesquelles les hivers sont peu pluvieux.

2 zones dans lesquelles il pleut en chaque saison, du 60° au 40°. Il y pleut modérément.

2 zones subtropicales, du 40° au 25°, dans lesquelles il ne pleut presque jamais l'été, et où les pluies sont peu abondantes le reste de l'année.

2 zones tropicales du 25° au 15° dans le Nouveau Monde et dans l'Océanie et du 25° au 5° dans l'Ancien Monde, où les pluies sont abondantes l'été.

2 zones subéquatoriales du 15° au 6°, de peu de largeur, qui ne comprend que la région de l'Abyssinie en Afrique et le sud de la côte du golfe d'Aden jusqu'au cap Guardafui, dans lesquelles il pleut en été et en hiver seulement.

Ces zones se correspondent deux à deux dans chaque hémisphère.

De plus, on rencontre au milieu des quatre dernières zones deux régions spéciales : 1° la *région sans pluie* qui comprend en Afrique : le Sahara, la Haute-Égypte et la Nubie ; et en Asie : les déserts de l'Arabie, de la Perse et du Plateau central ; 2° la *région des moussons*, la plus pluvieuse du globe, qui comprend le bassin de l'océan Indien (depuis Madagascar) et celui de la mer de Chine (sauf la côte septentrionale).

Enfin, au centre, se trouve la *zone équatoriale* qui s'étend sur dix degrés (cinq au nord et cinq au sud de l'équateur) et correspond à celle des calmes, dans laquelle il pleut abondamment pendant la *saison des pluies* ou *hivernage* qui dure de novembre à mai.

LIGNES ISOTHERMES, ISOTHÈRES, ISOCHIMÈNES

Le premier, M. de Humboldt eut, en 1817, l'idée de réunir par des lignes tracées sur une carte les lieux pour lesquels la température moyenne de l'année était la même ; il désigna ces lignes sous le nom d'*isothermes* (du grec : *isos* égal ; *thermos*, chaleur) ; ces lignes donnent la latitude thermique qui diffère considérablement de la latitude géographique, les causes de cette différence sont les courants maritimes et atmosphériques, l'altitude des contrées, le voisinage de la mer, etc.

M. de Humboldt a complété son idée en établissant les lignes *isothères* (du grec : *isos*, égal ; *theros*, été) et les lignes *isochimènes* (du grec *isos*, égal ; *cheimon*, hiver). Les premières réunissent les lieux où les moyennes de l'été sont égales et les secondes les lieux qui possèdent les mêmes moyennes hivernales.

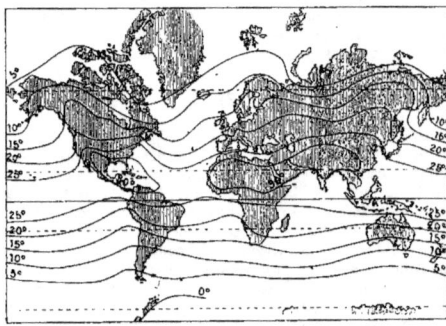

LIGNES ISOTHÈRES.

La comparaison de ces lignes fait voir :

1° Que l'hémisphère nord est plus chaud que l'hémisphère sud, et l'on voit en effet que l'équateur thermal, dont la chaleur moyenne est de 25 à 30°, est presque entièrement situé dans le premier hémisphère ;

2° Que les pôles de la Terre ne sont pas les points les plus froids du globe ; la température moyenne du pôle nord n'est probablement que de — 8°, ce qui permet de donner raison à Kane lorsque cet explorateur affirme qu'il existe une mer polaire débarrassée de glaces, car la température de cette mer ne devrait pas être plus basse que — 6°, température qui rendrait sa congélation impossible ; toutefois, le pôle sud est beaucoup plus froid que le pôle nord ;

3° Qu'il y a dans chaque hémisphère deux pôles du froid. Dans l'hémisphère boréal, on rencontre l'un au N. de la Sibérie, près des îles Liakhov, dans l'océan Arctique, par 140° long. E. et 77° lat. N. où la température moyenne serait de —17°, et l'autre dans les terres polaires américaines par 100° long. O. et 76° lat. N. où la moyenne dépasserait —19°. Dans l'hémisphère austral les deux pôles du froid seraient plus rapprochés du pôle terrestre.

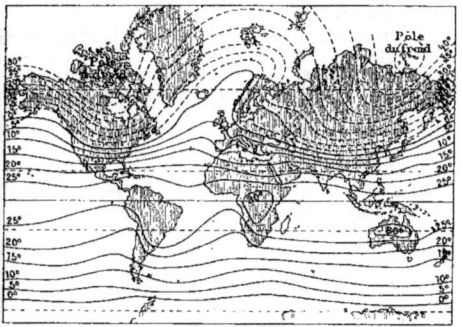

LIGNES ISOCHIMÈNES.
Les lignes pointillées indiquent la température inférieure à 0°.
Les lignes continues indiquent la température supérieure à 0°.

Les différences observées entre les extrêmes du froid et de la chaleur se sont élevées jusqu'à 130°; on a constaté en Sibérie par 55° lat. N. et 90° long. E., à Nisni-Udinsk, un froid de — 62°, et dans le Sahara, chez les Touaregs, à la hauteur du tropique du Cancer, c'est-à-dire par 23° de lat. N. et par 5° long. O., une chaleur de + 67°.

CLIMATS

On désigne sous le nom de **climat** l'ensemble des conditions météorologiques qui distinguent les unes des autres les diverses régions de la Terre.

Ces conditions varient par suite d'un grand nombre de circonstances telles que les vents, l'état hygrométrique de l'air, les pluies, la température du sol.

D'une manière générale on divise la surface du globe en *cinq zones climatériques* correspondant aux cinq zones géographiques : *deux zones glaciales* comprises entre les pôles et les cercles polaires ; *deux zones tempérées* comprises entre les cercles polaires et les tropiques et *une zone torride* comprise entre les deux tropiques.

Dans chacune de ces zones on rencontre deux sortes de climats : les **climats marins** ou **uniformes** et les **climats continentaux** ou **extrêmes**, caractérisés par la différence plus ou moins grande qui existe entre la température de l'été et celle de l'hiver.

Les climats marins quoique ou très chauds ou très froids, doivent leur caractère de douceur relative et d'uniformité au voisinage des grandes masses d'eau, car la mer à cause de son agitation continuelle s'échauffe peu en été et se refroidit peu en hiver ; de plus les vents prennent en passant l'excès de température que la mer pourrait avoir et viennent ainsi rafraîchir les régions maritimes en été et les réchauffer en hiver.

Dans l'intérieur des continents au contraire, les régions du nord se refroidissent fortement en hiver et celles du midi s'échauffent beaucoup en été ; de sorte que les vents, en un même lieu suivant la direction d'où ils soufflent, peuvent amener brusquement du froid ou du chaud, en même temps que la température moyenne du jour peut éprouver de grandes variations d'une saison à l'autre.

Nous avons vu que l'hémisphère nord est plus chaud que l'hémisphère sud ; il y a une autre remarque importante à faire, c'est qu'en général dans les continents, l'Est est plus froid que l'Ouest ; ainsi les côtes occidentales de l'Atlantique sont plus froides à latitude égale que les côtes orientales ; il en est de même pour les côtes du Grand Océan, cela tient surtout aux deux grands courants du Gulf-Stream et du Kuro-Siwo qui viennent réchauffer les côtes orientales, ainsi qu'à la direction des vents polaires qui refroidissent les côtes occidentales.

Au point de vue physiologique et pour des causes tout à fait spéciales, quelquefois même inconnues, un climat est réputé **sain** ou *malsain*.

SURFACE DE LA TERRE

On trouve à la surface de la Terre des **plaines**, des **plateaux**, des montagnes, des **volcans** et des **eaux** (fleuves, rivières, lacs, etc.).

PLAINES

Les plaines occupent environ la moitié de cette surface. On les divise en quatre catégories :

1° Les *plaines fertiles*, les unes cultivées comme celles de l'Europe, de l'Égypte, de l'Hindoustan, de la Chine, de l'Amérique du Nord ; les autres qui attendent les colons comme celles de l'Afrique (bassins du Sénégal, du Niger, du Congo, etc.), de l'Amérique du Nord (bassins du Mississipi, du Missouri, etc.), de l'Amérique du Sud (bassins du fleuve des Amazones et du rio de la Plata) et de l'Australie (bassin du Murray) ;

2° Les *plaines médiocrement fertiles*, comme les landes et les bruyères de l'Europe, les savanes de l'Amérique du Nord, les llanos et les pampas de l'Amérique du Sud ;

3° Les *plaines stériles par suite de la constitution de leur sol*, comme les steppes de l'Europe méridionale et de l'Asie ;

4° Les *plaines stériles par suite de leur climat*, comme les toundras glacés de l'Europe septentrionale et de la Sibérie, les terres polaires de l'Amérique du Nord, les déserts brûlants du Sahara, de l'Arabie, de la Syrie, de la Perse.

PLATEAUX

Les plateaux sont des *massifs* plus ou moins réguliers renfermant soit des plaines élevées, soit des montagnes. Leur hauteur augmente au fur et à mesure que l'on se rapproche de l'équateur ; ainsi les plateaux du Tibet, de l'Abyssinie, des grands lacs de l'Afrique, du Mexique et des Andes sont aussi élevés que nos hautes montagnes de l'Europe. Il résulte de cette disposition qu'ils offrent plusieurs climats superposés et que la flore, la faune et même les races humaines peuvent y présenter de grandes différences.

Les plateaux sont la *charpente* des continents, c'est entre eux que les grandes plaines se sont formées par suite des alluvions et les vallées par suite des érosions ; ce sont eux également qui en supportent les saillies.

Les *principaux plateaux* sont :

En *Europe* : les plateaux de la Scandinavie, de l'Allemagne du Sud ou des Alpes, de la Transylvanie ou des Karpathes, des Balkans, central de la France, central de l'Espagne, central de l'Italie ou des Abruzzes, de la Morée.

En *Asie* : le plateau de Pamir ou « Toit du monde » au C., sur lequel s'appuient le vaste plateau central à l'E. et le plateau de l'Iran à l'O. ; les autres plateaux sont ceux de l'Arménie et de l'Asie Mineure à l'E., de l'Arabie et du Dekkan au S.

En *Afrique* : les plateaux de l'Atlas au N., de l'Abyssinie à l'E., des grands lacs au C. et austral au S.

En *Amérique* : au N. les plateaux du Grand Lac Salé, du Texas ou Llano Estacado, du Mexique ou de l'Anahuac; au C., ceux du Yucatan et de l'Amérique centrale; au S. les nombreux plateaux qui supportent les Andes.

En *Océanie* : les plateaux sont insignifiants et on ne rencontre guère dans cette contrée que des montagnes émergeant directement des plaines.

MONTAGNES

Les montagnes, bien que moins importantes dans l'économie générale de la Terre, nous frappent davantage par leur hauteur et la variété de leur aspect.

Elles sont en général groupées suivant des lignes plus ou moins sinueuses formant ce que l'on appelle des *chaînes*, dont les ramifications latérales qui portent le nom de *chaînons* ou *contreforts*, donnent elles-mêmes fréquemment naissance à de nouveaux chaînons ou *rameaux*. L'ensemble de ces chaînes, chaînons et rameaux constitue un *système de montagnes*. Enfin on appelle *nœud* le point où s'entrecroisent deux ou plusieurs systèmes de montagnes ; souvent il est marqué par des sommets plus élevés.

Les montagnes sont en général formées exclusivement par des *masses de roches* d'origine ignée qui se montrent à nu vers les hauts sommets, et qui, vers la base, sont recouvertes par des couches sédimentaires provenant de dépôts laissés par les eaux en se retirant, qui se prolongent sur les pays situés au pied.

D'après leur constitution géologique on distingue deux classes de montagnes :

1° les *montagnes granitiques* dont les sommets sont formés par des roches ignées, telles que les Alpes, les Carpathes, le Caucase, les Cévennes, les Pyrénées, les Apennins, l'Himalaya, les Andes, etc. ;

2° les *montagnes stratifiées* dont les dépôts de sédiment sont disposés par couches, beaucoup moins élevées et disposées en général autour des précédentes dont elles semblent être des contreforts ; elles sont formées de terrains stratifiés sous lesquels les roches ignées ont, sans toutefois être arrivées à se faire jour, opéré des soulèvements. Le Jura en France et en Suisse, le Jura franconien en Allemagne, présentent par leurs plissements les plus beaux exemples de la stratification des montagnes.

A ces deux classes on en ajoute une troisième, celle des *volcans*.

Le sommet des hautes montagnes est toujours couvert de neiges, la température ne s'élevant jamais assez pour que leur fonte puisse se faire. Il y a pour chaque contrée une limite de neiges éternelles ; cette limite varie suiva[nt] l'altitude et l'éloignement de l'équateur. Quant aux neig[es] temporaires, elles dépendent de la température de la saiso[n].

Voici, d'après M. de Humboldt, les principales limites d[es] *neiges perpétuelles* :

En Europe : Norvège, 720 à 1266 m.; Islande, 936 m[.]; Alpes, 2144 m.; Pyrénées, 3235 m.; Espagne, à la Sier[ra] Nevada de Grenade, 3410 m.?; Etna, 2905 m.

En Asie : Sibérie, chaîne d'Aldan, 1364 m.; Oural se[p-] tentrional, 1364 m.; Altaï, 2144 m.; Ararat, 4318 m. Hindou-Kouch, 3410 m.?; Himalaya, versant septe[n-] trional, 5067 m., versant méridional, 3956 m.

En Afrique : Abyssinie, 4287 m.

En Amérique : Mexique, 4500 m.; Pérou, Andes [de] Quito, 4812 m.; Chili, Andes du littoral, 1832 m., Andes d[e] l'intérieur, 4483 m.; détroit de Magellan. 1130 m.

Les neiges ne séjournent pas définitivement sur le ha[ut] des montagnes, une foule de causes telles que les vents, l[es] pluies, les brouillards, le Soleil, les transforment en vape[urs] d'eau en les fondant, ou les font tomber dans les vallées [en] masses énormes appelées *avalanches*.

Lorsque la neige reste en place, elle se modifie, devie[nt] granuleuse et forme ce que l'on appelle des *névés*, ces név[és] deviennent à leur tour des cristaux de glace qui, se souda[nt] les uns aux autres, forment les *glaciers*. Les plus vast[es] glaciers du monde sont ceux du Groenland et de l'Himalay[a] en Europe, les plus beaux sont ceux des Alpes, particulière[-] ment le glacier d'Aletch dans les Alpes bernoises et [le] glacier du Mont-Blanc. Les glaciers sont de véritabl[es] fleuves solides ; ils marchent, lentement il est vrai, entra[î-] nant des roches, puis arrivés à la limite où les eaux ne [se] congèlent plus, ils se fondent et s'écoulent en *torrents* ; t[el] est le glacier du Rhône qui donne naissance à ce fleuve.

Par suite du froid et surtout de la *raréfaction de l'a[ir]* plus on s'élève, plus la vie devient difficile à l'homme, et [on] ne peut plus qu'exceptionnellement atteindre certain[es] hauteurs, comme les frères Schlagintweit, qui en 1856 so[nt] montés jusqu'à 6730 m. au-dessus du niveau de la m[er] dans les montagnes du Tibet.

Parmi les lieux habités les plus élevés on peut citer : [en] Europe, le village de Saint-Véran, situé à 2009 m., dans [le] département des Hautes-Alpes, et l'hospice du Saint-Berna[rd] à 2472 m. ; en Amérique, la station de poste de Rumihuas[i] entre Cusco et Puno, dans les Andes du Pérou, à 4944 [m.] qui est la maison la plus élevée du monde; en Asie, le co[u-] vent de Hanlé, dans le Tibet, à 4565 m.

VOLCANS

Les volcans sont des montagnes qui vomissent d[es] flammes, de la fumée, des torrents de matières fondu[es] (scories, laves, pierres ponces, etc.) et quelquefois mêm[e] d'eau bouillante, par une ouverture appelée *cratère*.

Il est à peu près certain aujourd'hui que les éruptio[ns] volcaniques sont dues au contact des eaux avec les matièr[es] incandescentes que renferme le sol, contact occasionné [par] la rupture des cloisons naturelles qui les séparent.

La forme ordinaire d'un volcan est celle d'un cône do[nt] le sommet est occupé par le cratère ; toutefois dans l[es] grandes éruptions la forme du sommet varie fréquemm[ent] et il arrive souvent que tout un côté du sommet s'écrou[le]

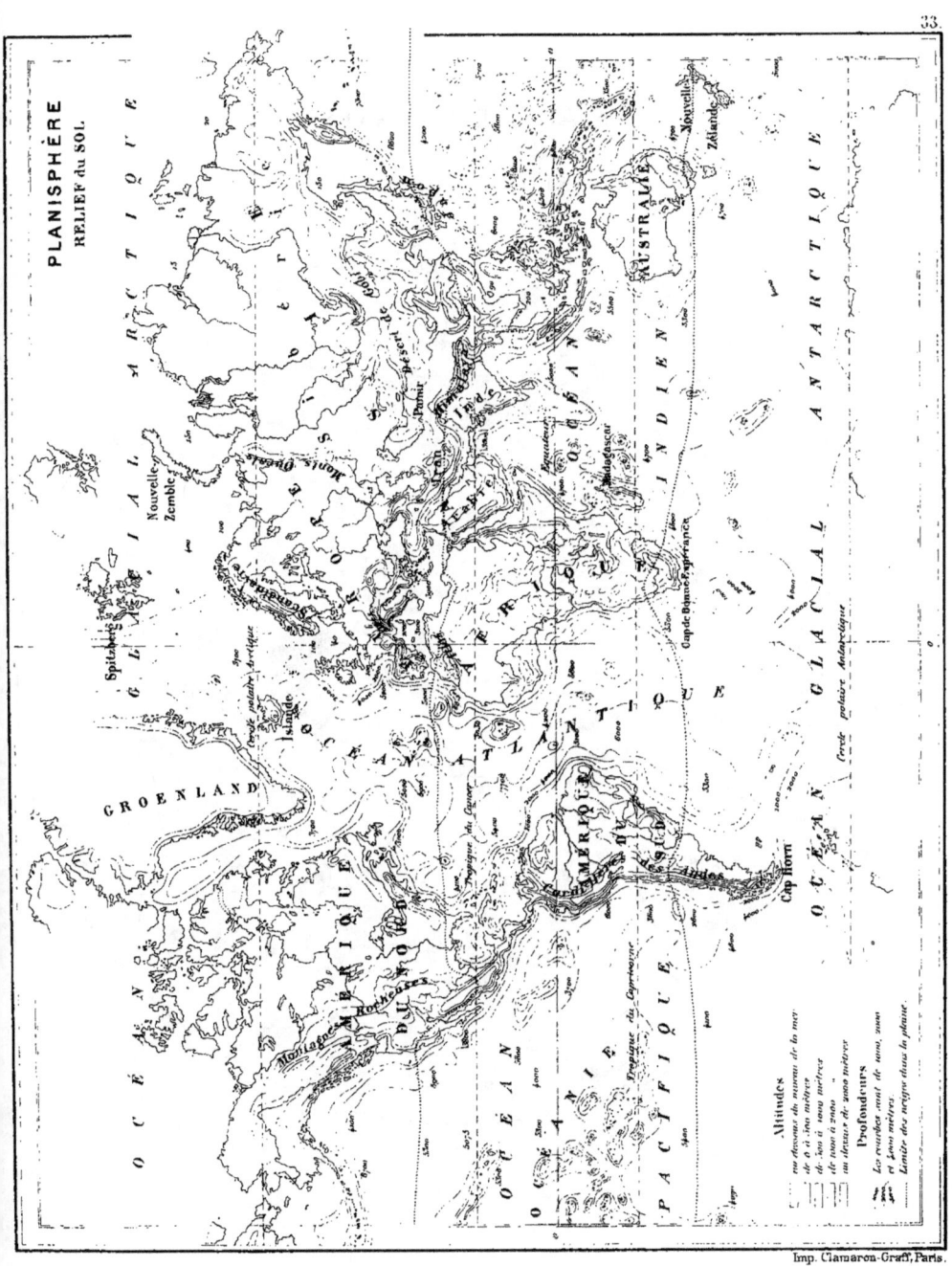

MAPPEMONDE
(PROJECTION GLOBULAIRE)

HEMISPHÈRE OCCIDENTAL

MAPPEMONDE
(PROJECTION GLOBULAIRE)

HEMISPHÈRE ORIENTAL

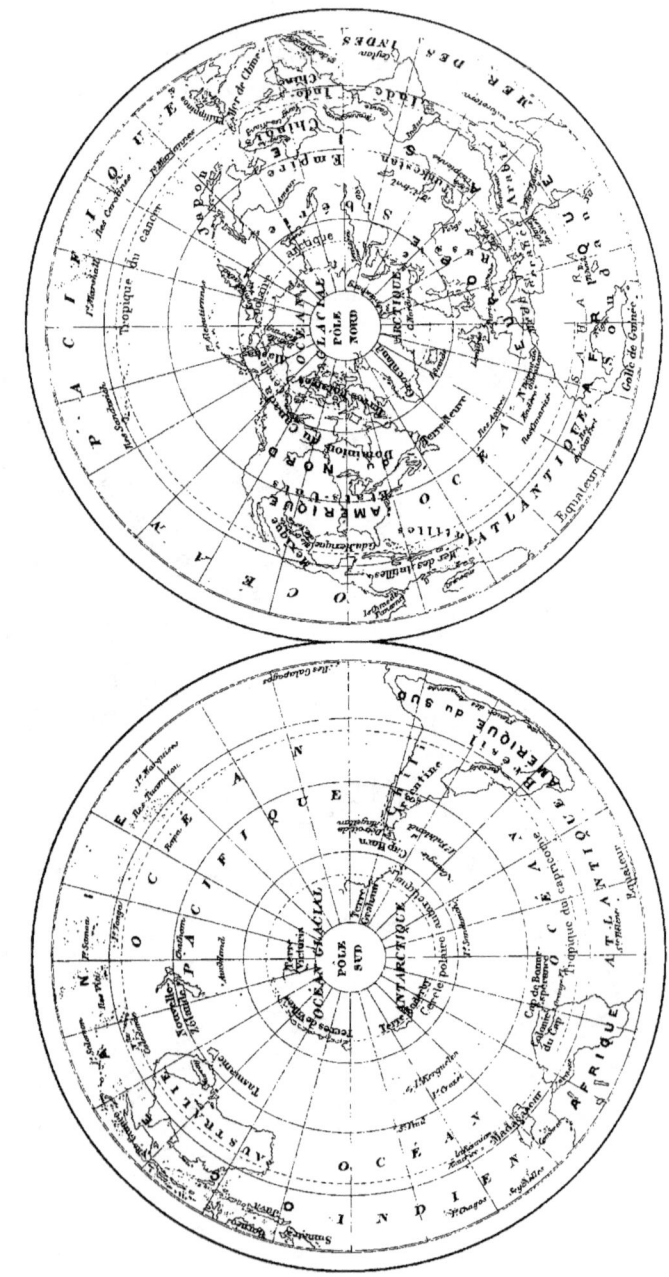

ou est projeté au loin par suite de la violence même de l'éruption ; c'est ce qui est arrivé en l'an 79 pour le Vésuve, dont une partie du cratère a englouti Strabies et Herculanum, tandis que Pompéi était enseveli sous une pluie de cendres.

On connait actuellement au moins 400 volcans actifs ; sur ce nombre plus de 300 s'élèvent autour ou dans les îles du Grand Océan ; il y a même des volcans sous-marins, c'est-à-dire dont les éruptions ont lieu sous les flots.

En dehors des volcans en activité, il en existe encore un grand nombre qui sont éteints ; les plus remarquables sont ceux du plateau central de la France (Auvergne et Velay), de l'Allemagne (Eifel rhénan, Suisse saxonne) et des Karpathes. Ces volcans se réveilleront-ils ? c'est peu probable par suite de leur distance actuelle aux bords de la mer ; mais il est bon de remarquer que lorsque le Vésuve fit sa terrible éruption de 79, il était éteint depuis des siècles, et que ses pentes étaient recouvertes d'une luxuriante végétation.

Les éruptions volcaniques peuvent amener de grands changements dans la configuration du pays où elles ont lieu. On a vu des îles s'effondrer en tout ou en partie dans la mer, d'autres en surgir, des villes prospères changées en déserts. Il est même probable que les *tremblements de terre* appartiennent à la série des phénomènes volcaniques.

Lorsqu'un volcan s'éteint, il laisse encore s'échapper par ses fissures, soit des laves refroidies qui en tapissent ses flancs, soit des vapeurs appelées *fumerolles*. Ces vapeurs sont composées d'acide carbonique presque pur, comme dans la grotte du Chien près de Naples, ou mélangé avec diverses matières sublimées par l'action du feu, qui, se condensant en arrivant à l'air, forment des dépôts plus ou moins considérables, tels que les dépôts d'alun ou d'acide borique des petits volcans de la Toscane, de soufre des *solfatares* de Pouzzoles près de Naples, de la Sicile et du Popocatepelt au Mexique.

Cercles des volcans. — Le Grand Océan est entouré d'un immense cercle de volcans, dont les plus remarquables sont :

Dans les *Terres antarctiques :* — l'Erebus et le Terror au milieu d'immenses glaciers.

En *Amérique :* — Les volcans de la Cordillère des Andes, dont les principaux sont : L'Alconcagua (6894 m.), le Mercedario (6800 m.) et le Copiapo (6000 m.), dans le Chili ; le Mitsi (6191 m.), dans le Pérou ; le Sanguay (5650 m.), un des plus destructeurs, le Chimborazo (6700 m.) et le Cotopaxi (5735 m.), dans l'Equateur ; le Tolima (5616 m.) et l'Horqueta (5847 m.), dans la Colombie ; — les nombreux volcans de l'Amérique centrale dont les plus terribles sont le volcan Fuego (volcan du feu) (4280 m.) et le volcan Agua (volcan de l'eau) (4410 m.), dans le Guatemala ; — les volcans du Mexique : le Popocatepelt (5410 m.) et le volcan d'Orizaba (5400 m.) ; — dans l'Alaska : le mont Saint-Elie (4568 m.). — les 34 volcans des îles Aléoutiennes.

En *Asie :* — Les nombreux volcans du Kamtchatka, des îles Kouriles, de l'archipel Japonais dont le plus beau est le Fousi-Yama (3745 m.) dans l'île de Niphon, et enfin ceux de l'île Formose.

En *Océanie :* — On compte encore une quantité considérable de volcans dans l'archipel de la Malaisie, surtout dans les îles de la Sonde où Java à elle seule en renferme 49, parmi lesquels se trouvent les plus actifs et les plus ravageurs du monde entier.

Au milieu de ce cercle, émergent les volcans de l'Océanie proprement dite, et dont les plus importants sont ceux de la Nouvelle-Guinée, des Hébrides, de la Nouvelle-Zélande, des îles Taïti, et surtout ceux des îles Sandwich.

En dehors de ce grand cercle et vers l'O. on trouve encore :

1° Une première ligne concentrique à ce cercle qui comprend les volcans, les uns éteints, les autres actifs, de la Perse (mont Demavend), de l'Arménie (mont Ararat), de l'Afrique orientale (mont Kénia), des îles Maurice, de la Réunion, d'Amsterdam et Saint-Paul ;

2° Une deuxième ligne dans l'océan Atlantique, qui commence en Islande (mont Hékla), pénètre en Europe (mont Vésuve, mont Etna, volcans des îles Lipari) et se continue par les volcans des îles Madère, du Cap-Vert (pic de Ténériffe), de l'Ascension et Sainte-Hélène.

Geysers, salses. — On fait encore rentrer dans les phénomènes volcaniques, les *geysers* ou sources jaillissantes d'eau bouillante, dont les plus beaux sont ceux de l'Islande, et les *salses* (volcans d'air, volcans de boue) qui projettent du gaz hydrogène carburé, seul ou accompagné d'eau contenant des sels en dissolution, et de boues soulevées et entraînées par le courant gazeux. Ce genre de volcans se rencontre presque toujours sur les bords de la mer.

Eaux minérales et thermales. — Enfin les *eaux minérales* et *thermales* se rattachent encore à ces phénomènes.

EAUX

L'eau qui tombe sur la surface du globe n'y séjourne pas, elle s'écoule par des canaux naturels que l'on nomme *fleuves* ou *rivières* suivant leur mode d'écoulement ; en général, un fleuve est une grande artère qui recueille par ses affluents ou rivières les eaux d'une certaine région qui forme son bassin.

L'*origine* des cours d'eau sont les *sources* et les *glaciers*. Les sources sont des fontaines par lesquelles s'écoule le trop-plein des eaux qui, ayant pénétré dans la terre, sont arrêtées par un sol imperméable et forment des nappes souterraines plus ou moins considérables.

Un cours d'eau se compose généralement de trois zones :

1° La *zone d'érosion*, dans la partie supérieure, où le fleuve, n'étant encore qu'un torrent, désagrège les terres dans lesquelles il coule et en entraîne les débris qu'il transforme en boues, sables et graviers ;

2° La *zone de calme*, où le fleuve plus tranquille ne désagrège que d'une manière presque insensible son lit et ses bords, mais a toutefois encore assez de vitesse pour transporter les débris qu'il a déjà formés ;

3° La *zone de dépôt*, où le fleuve de plus en plus calme laisse déposer ses boues, sables et graviers. Ces dépôts, dans les mers relativement peu agitées, ne tardent pas à se grouper en *îles* et en *îlots* qui se soudent entre eux pour former ce que l'on nomme un *delta*. Les deltas étant constamment augmentés par l'apport des fleuves, finissent par former de belles plaines d'alluvion, qui empiètent continuellement sur la mer ; c'est ce que l'on a constaté pour le

GÉOGRAPHIE GÉNÉRALE

Rhône, le Pô, le Nil et surtout pour le Mississipi ; aussi ces fleuves ont-ils reçu la dénomination de *fleuves travailleurs*. Quelquefois le fleuve entraîne ses sables et ses vases devant son embouchure et en forme une barrière ou *barre* invisible, mais souvent dangereuse pour la navigation ; telle est la barre du Sénégal.

On trouve encore dans certaines contrées des dépressions remplies d'eau plus ou moins salée, quelquefois très considérables, dans lesquelles s'écoulent des rivières et même de véritables fleuves. Ce sont en général des restes d'anciennes portions de l'Océan, aujourd'hui isolées; on leur donne le nom de *mers* ou de *lacs*, suivant leur importance et leur conformation. Ainsi on peut citer : en Asie, la mer Caspienne dont le niveau est de 26 m. au-dessous de celui de la mer Noire, avec laquelle elle communiquait autrefois; la mer Morte dont la surface est à 480 m. au-dessous de celle de la mer Méditerranée; la mer d'Aral ; le lac Balkach; les lacs Lob et Tengri dans le plateau central ; en Afrique, les chotts de l'Algérie, les lacs Tchad et N'gami ; en Amérique, le Grand Lac Salé.

DISTRIBUTION DES VÉGÉTAUX SUR LA TERRE

La *distribution des végétaux* sur la Terre dépend tout d'abord de la chaleur moyenne des contrées dans lesquelles ils vivent; aussi chaque plante a pour ainsi dire sa région particulière; de plus le Nouveau Monde, l'Océanie et l'Ancien Monde, ont chacun des végétaux spéciaux. Toutefois l'homme, par l'introduction de nouvelles espèces, a quelquefois changé la flore primitive des pays. Quoi qu'il en soit, il résulte que le classement logique des végétaux doit être fait d'après les cinq zones correspondant aux zones thermales ou géographiques, chacune de ces zones comprenant du reste des régions différentes où poussent naturellement des espèces différentes:

1° La **zone glaciale arctique**, la plus pauvre, ne comprend guère que des *cryptogames* (mousses, lichens et certaines espèces de saxifrages) qui poussent sous la neige ;

2° La **zone tempérée boréale**, la plus riche par la diversité et surtout par l'utilité de ses plantes; c'est par excellence la zone des *céréales*, qui paraissent originaires de l'Asie : l'orge et l'avoine poussent jusqu'au 52e et même jusqu'au 70e degré dans certaines conditions; le seigle jusqu'au 48e et 65e degré; le blé jusqu'au 48e et 57e degré; le maïs s'arrête vers le 45e degré et le riz entre le 30e et le 40e degré. On y trouve de plus de splendides *prairies* lorsque l'humidité est suffisante. Les *forêts* y sont nombreuses surtout dans les montagnes et produisent principalement : les pins et les sapins dans les hautes régions; le chêne, le hêtre et le châtaignier sur les hauteurs moyennes; l'orme, le noyer et le peuplier dans les plaines. La *vigne* y occupe toute la région méridionale, c'est-à-dire dans toutes les contrées où la température moyenne de l'été n'est pas inférieure à 19 degrés.

Elle comprend 7 régions.

4 dans l'Ancien Continent :

La *région européo-sibérienne*, où se trouvent les céréales, les prairies, les forêts et les arbres fruitiers proprement dits.

La *région méditerranéenne*, qui comprend les pays baignés par la Méditerranée, où l'on cultive l'oranger, l'olivier et le mûrier, et l'Asie Mineure, pays d'origine du cerisier.

La *région des steppes*, qui comprend les plaines de la mer Caspienne et celles des plateaux de l'Iran et de l'Asie centrale, où il ne pousse que de maigres pâturages et dans laquelle on ne rencontre pas d'arbres.

La *région chinoise et japonaise*, semblable aux deux premières, mais caractérisée par le thé, l'ailante (vulgairement appelé vernis du Japon) et le ricin qui nourrissent chacun une sorte distincte de vers à soie, le china-grass, sorte de plante textile, et les arbres à laque.

3 dans le Nouveau Continent :

La *région des forêts*, au N. et à l'E., qui comprend l'Amérique anglaise et les États-Unis, entre le Mississipi et l'océan Atlantique; on y trouve de magnifiques forêts dans la partie septentrionale et dans les monts Alleghanys, de riches plaines qui donnent en abondance des céréales dans la partie centrale, du maïs, du riz, du coton et de la canne à sucre dans la partie méridionale.

La *région des prairies*, entre le Mississipi et les montagnes Rocheuses, qui renferme dans la partie septentrionale les vastes pâturages d'où l'on a chassé, pour ne pas dire exterminé, les Indiens, et que l'on commence à défricher, et dans la partie méridionale les immenses savanes où l'on élève de nombreux troupeaux.

La *région californienne*, entre les montagnes Rocheuses et l'océan Pacifique, semblable à la première, mais spécialement caractérisée par les immenses conifères (sequoia), qui rappellent les pins du Nord et atteignent jusqu'à 100 mètres de hauteur.

3° La **zone tropicale** est remarquable par la puissance de sa végétation, c'est elle qui renferme les forêts les plus épaisses et les plus inextricables, les arbres les plus *utiles à la nourriture* de l'homme (bananier, palmier, arbre à pain) et les plus beaux comme *bois d'ébénisterie* (acajou, teck, palissandre, ébénier, bois de rose, bois de fer, etc.); les *plantes médicinales* (quinquina, tolu, ipecacuanha, etc.) et *tinctoriales* (indigo, campêche, bois de brésil); les *arbres à caoutchouc*; les *épices*, le *café*, les *tubercules* (pommes de terre, patates) et les *racines comestibles* (manioc, igname); on y trouve encore des *fruits* savoureux (ananas, limons, mangoustans), des *céréales* (maïs, riz, millet, sorgho, etc.), de la *canne à sucre*, du *tabac*.

Elle comprend 10 régions :

4. Dans l'Ancien Continent et l'Océanie :

La *région saharienne*, caractérisée par les palmiers-dattiers de ses oasis.

La *région de l'Afrique centrale*, caractérisée par le baobab, le plus gros arbre de la création, l'acacia gommier, l'arachide ou pistache de terre, les palmiers à huile et à sagou, le manioc, le millet, la banane, le café et, en Arabie, l'encens.

La *région des moussons*, la plus riche du monde, qui comprend l'Hindoustan, l'Indo-Chine, la Chine méridionale et la plus grande partie des îles de la Malaisie; on y remarque surtout, comme arbres : le bambou dont les usages sont infinis, le curieux figuier des banians, et le palétuvier dans les plaines ; le teck trois fois plus durable que le chêne, les cèdres, et l'arbre à gutta-percha dans les forêts des montagnes ; comme végétaux comestibles : les arbres à épices, le sagou, le bananier, l'arbre à pain ; comme végétaux servant à l'industrie : le coton, le jute, le chanvre, le pavot dont on extrait l'opium, l'indigo, le camphre, etc. Enfin c'est la contrée où se trouvent les immenses jungles qui renferment les animaux les plus forts et les plus dangereux.

La *région des îles* comprend les îles de l'océan Indien (Madagascar, Mascareignes, etc.), de la Malaisie occidentale (îles aux épices) et de l'Océanie intertropicale (petites îles de la Mélanésie et de la Polynésie), au milieu desquelles se trouve le Continent australien ; elle est caractérisée par les arbres à épices (muscadier, giroflier, cannellier, etc.), le cocotier, le café, l'arbre à pain et le taro qui lui fait concurrence, le citronnier, etc.

6 dans le Nouveau Continent :

La *région de l'Amérique centrale*, qui s'étend de la Californie à l'isthme de Panama, caractérisée dans les terres chaudes, par le cactus, le cacaoyer, l'acajou et le nopal qui nourrit la cochenille, et sur les plateaux par le tabac, qui est originaire de ces pays et les céréales (maïs, blé, etc.).

La *région des Antilles*, caractérisée par les produits dits coloniaux (tabac, café, sucre, rhum, manioc, arrow-root, etc.).

La *région de la Magdalena et de l'Orénoque*, qui comprend la Colombie, le Vénézuela et les Guyanes, est caractérisée par ses magnifiques forêts de bois précieux et ses immenses déserts appelés llanos. Cette contrée paraît être la patrie originaire de la pomme de terre.

La *région de l'Amazone*, immense contrée plate couverte de forêts vierges, où se trouvent en dehors des arbres d'ébénisterie, le bois de brésil qui donne une belle teinture rouge, et l'arbre à caoutchouc.

La *région de la Plata*, qui comprend les bassins du Parana et du Paraguay, est caractérisée par ses plaines marécageuses et son maté ou thé du Paraguay.

La *région du littoral du Pacifique*, entre cet Océan et les Andes, comprend les côtes de l'Equateur et du Pérou, a pour végétaux caractéristiques le quinquina et le coca.

4° La **zone tempérée australe**, qui, en raison même de la configuration des continents compris dans cet hémisphère, est la moins considérable ; aussi ne comprend-elle que 6 régions :

2 dans l'Ancien Continent, en Afrique :

La *région du désert du Kalahari*, entre le lac N'gami et le fleuve Orange, qui ne comprend que des steppes arides.

La *région du Cap*, entre le fleuve Orange et l'Océan, qui possède de belles prairies et de bonnes terres de labourage, est caractérisée par ses splendides bruyères.

1 dans l'Océanie :

La *région de l'Australie*, qui comprend le sud du Continent australien et la Tasmanie (Terre de Van Diemen) à laquelle on rattache l'archipel de la Nouvelle-Zélande, a une flore tout à fait spéciale, remarquable surtout par ses immenses eucalyptus, ses fougères arborescentes et le phormium tenax ou lin de la Nouvelle-Zélande, plante textile dont l'importance s'accroît de jour en jour ; à l'intérieur, on y trouve de magnifiques pâturages ; le littoral est très favorable à la culture de nos plantes européennes.

3 dans le Nouveau Continent :

La *région du Chili*, entre l'océan Pacifique et les Andes, qui rappelle la région du midi de l'Europe.

La *région des Pampas*, entre les Andes et l'océan Atlantique, qui n'est qu'une immense plaine, souvent marécageuse, couverte de hautes herbes.

La *région de la Patagonie*, qui forme l'extrémité méridionale de l'Amérique du Sud, est presque un désert dont la stérilité et la rigueur du climat augmentent au fur et à mesure que l'on se rapproche du cap Horn.

5° La **zone glaciale antarctique**, est encore plus froide et plus pauvre en végétaux que sa correspondante de l'hémisphère boréal.

DISTRIBUTION DES ANIMAUX SUR LA TERRE

Les mêmes lois qui ont réparti les végétaux sur la Terre, ont présidé à la distribution des animaux ; aussi trouve-t-on sous chaque zone thermale des espèces distinctes. Toutefois les poissons et les oiseaux ayant de grandes facilités pour se déplacer sont répandus un peu partout, et il n'y en a que peu d'espèces spéciales habitant réellement des régions déterminées ; aussi nous n'indiquerons que les principales espèces d'oiseaux, laissant de côté les poissons qui sont bien moins intéressants que les animaux terrestres, et dont l'étude nous entraînerait beaucoup trop loin, en raison même de leur grande variété. L'homme également par l'introduction, soit volontaire, soit involontaire et même par des destructions souvent irréfléchies, est arrivé à modifier considérablement la faune de certaines contrées.

Nous étudierons donc la distribution des animaux d'après les cinq zones géographiques :

1° La **zone glaciale arctique** est très riche en oiseaux (pingouins, plongeons, eiders) et en mammifères marins (phoques, morses, baleines, cachalots) qui diminuent chaque jour, par suite de la chasse continuelle que leur font les pêcheurs. Comme animaux terrestres on y trouve principalement des animaux à fourrures (ours blancs, renards bleus ou isatis, martres, etc.), et les bœufs musqués de l'Amérique septentrionale ; mais les plus précieux sont une certaine race de chiens et, dans l'Ancien Continent, les rennes, qui rendent à l'homme de si grands services dans ces contrées.

2° La **zone tempérée boréale** est la plus riche en animaux réellement utiles à l'homme ; on la divise au point de vue du caractère des espèces en 4 régions distinctes.

3 dans l'Ancien Continent :

La *région européo-sibérienne* compte beaucoup d'animaux domestiques (bœufs, moutons, porcs, chevaux), surtout dans la partie européenne, et renferme en outre quelques animaux sauvages, qui tendent à disparaître par suite de la chasse qu'on leur fait (belettes, blaireaux, martres, renards ; les loups et les ours bruns dans les montagnes et surtout dans les grandes forêts de la Russie, etc.).

Parmi les oiseaux : les poules, les oies, les canards et les pigeons que l'on trouve dans tous les pays, puis viennent les corbeaux, les pics, les cygnes, etc., qui habitent principalement les régions septentrionales, les perdrix et les cailles dans les contrées méridionales, les aigles dans les montagnes.

Les abeilles sont originaires de cette région.

Comme reptiles, il n'y a lieu de signaler que les vipères et les couleuvres.

La *région méditerranéenne* est caratérisée par le mouflon dans les montagnes de la Corse, de la Sardaigne et de l'Afrique ; le chacal, l'hyène, la panthère et le lion dans la région de l'Atlas ; le scorpion et la petite tortue de terre surtout dans le Midi ; le flamant, bel oiseau, qui vit dans les plaines marécageuses.

La *région des steppes* a pour animaux typiques : le cheval, le chameau à deux bosses et l'ayck ou vache grognante de Tartarie, dont les pays d'origine paraissent être pour chacun d'eux les plateaux de l'Iran, du Turkestan et du Tibet ; les tigres des steppes du Turkestan et de la Mongolie ; les lions des déserts de la Perse.

La *région chinoise et japonaise* a pour principaux animaux caractéristiques les vers à soie et les faisans dorés et argentés.

1 dans le Nouveau Continent :

La *région de l'Amérique du Nord*, caractérisée, comme mammifères, par les castors du Canada, les bisons qui ne tarderont pas à devenir aussi rares que les anciens aurochs de l'Europe, et les chiens de prairie, genre de rongeurs voisins de la marmotte ; comme oiseaux, par les dindons sauvages originaires de ce pays ; comme reptiles par les crotales ou serpents à sonnettes.

3° La **zone tropicale** possède la plus grande variété d'animaux, parmi lesquels on compte malheureusement trop d'espèces nuisibles ; on la divise en 5 régions.

2 dans l'Ancien Continent :

La *région africaine*, caractérisée, comme mammifères, par le lion, l'éléphant d'Afrique, que l'on ne chasse que pour l'ivoire de ses belles défenses, le rhinocéros à deux cornes, l'hippopotame, la girafe, le chameau à une seule bosse ou dromadaire, les grands singes (gorille, chimpanzé, mandrill, etc.), la gazelle, la civette ; comme reptiles, par le python, le céraste ou vipère cornue et le crocodile ; comme oiseaux, par l'autruche ; comme insectes par le termite, espèce de fourmi blanche, dont les ravages sont terribles, et par la mouche tsé-tsé des plaines marécageuses du plateau austral, qui, inoffensive pour l'homme, tue les bœufs, les chevaux et les chiens.

La *région indienne*, qui ressemble beaucoup à la précédente, a surtout pour animaux caractéristiques l'éléphant de l'Inde, facile à apprivoiser, le tigre, le rhinocéros à une corne, différentes sortes de singes, l'écureuil volant, le gavial, genre de crocodile, et le naja ou serpent à lunettes.

1 dans le Nouveau Continent :

La *région de l'Amérique tropicale*, dont les animaux spéciaux sont, comme mammifères, le jaguar ou tigre d'Amérique, le cougouar ou puma qui rappelle le lion, le tapir, le lama qui remplace le chameau, l'alpaca, la vigogne, la sarigue, le paresseux, le tatou, les singes à queue prenante,

la chauve-souris vampire ; dans les grands fleuves le lamantin, cétacé herbivore, et la gymnote, poisson redoutable par ses décharges électriques ; comme reptiles, les caïmans et les alligators, les grosses tortues de terre ou de mer, les énormes boas, les redoutables crotales ou serpents à sonnettes, les trigonocéphales ou serpents fer de lance, les repoussants pipas qui se rapprochent des crapauds ; comme oiseaux, le condor qui règne sur les hauteurs des Andes, et dans les plaines, le nandou qui rappelle l'autruche ; de plus, les forêts sont peuplées de magnifiques perroquets et d'une multitude de petits oiseaux-mouches aux couleurs les plus riches.

2 dans l'Océanie :

La *région malaise*, qui contient en grande partie les animaux de la région indienne, mais où on trouve encore le babiroussa, genre de sanglier, le casoar à casque ou émeu, genre d'autruche, d'énormes chauves-souris, des perroquets, les plus grands crocodiles de la terre, les singes gibbons et orangs-outangs, le serpent python, et dans les rochers baignés par la mer, les hirondelles salanganes dont les nids sont si recherchés par les gourmets de l'Asie orientale.

La *région océanienne*, qui comprend les petites îles de la Mélanésie et de la Polynésie, ne renferme aucun animal dangereux, mais une grande variété d'oiseaux magnifiques.

4° La **zone tempérée australe** compte, comme pour les végétaux, moins d'animaux que sa correspondante de l'autre hémisphère ; on la divise toutefois en 5 régions.

2 dans l'Ancien Monde :

La *région de l'Afrique australe*, dont les animaux spéciaux sont certaines espèces d'antilopes (nilgaut, gnou, bubale, etc.), les zèbres, les buffles du Cap ou bœufs de Cafrerie, les autruches et le secrétaire, grand oiseau destructeur de serpents.

La *région de Madagascar*, la seule où l'on trouve le aye-aye, genre de rongeur très rare, et le maki ou singe à museau de renard.

1 dans le Nouveau Monde :

La *région de l'Amérique du Sud*, dont les immenses pampas sont parcourues par des immenses troupeaux de chevaux sauvages, descendants des chevaux que les Espagnols y importèrent au XVIe siècle, et par les guanacos, de la famille des lamas ; on y trouve en outre, au Chili, des viscaches et des chinchillas recherchés pour leur fourrure, et dans la Patagonie, des maras, rongeurs rappellant les lièvres, mais beaucoup plus grands.

2 en Océanie :

La *région de l'Australie*, dont la faune est tout à fait spéciale. Ses animaux les plus curieux sont les kangourous, les cygnes noirs, les perroquets blancs, les ornithorynques, mammifères à bec de canard que les Anglais appellent taupes aquatiques parce qu'ils vivent sur les bords des rivières, les serpents noirs, les roussettes, énormes chauves-souris qui se tiennent la tête en bas, et le casoar sans casque, plus rapide à la course qu'un lévrier.

La *région de la Nouvelle-Zélande*, remarquable surtout par l'aptéryx, gros oiseau sans ailes et sans queue, et l'otarie ou lion marin, de la famille des phoques.

5° La **zone glaciale antarctique** paraît moins peuplée que sa correspondante de l'hémisphère boréal.

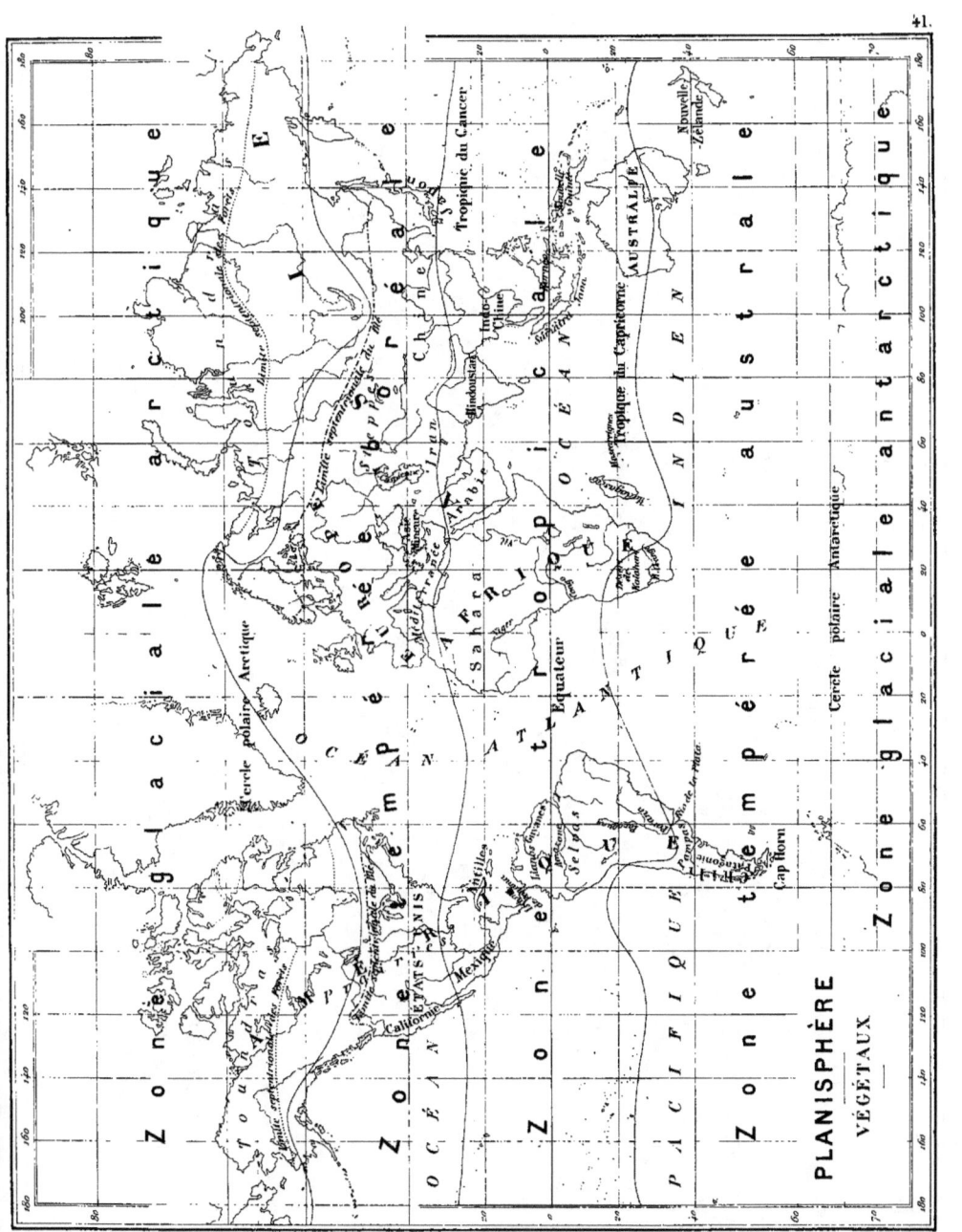

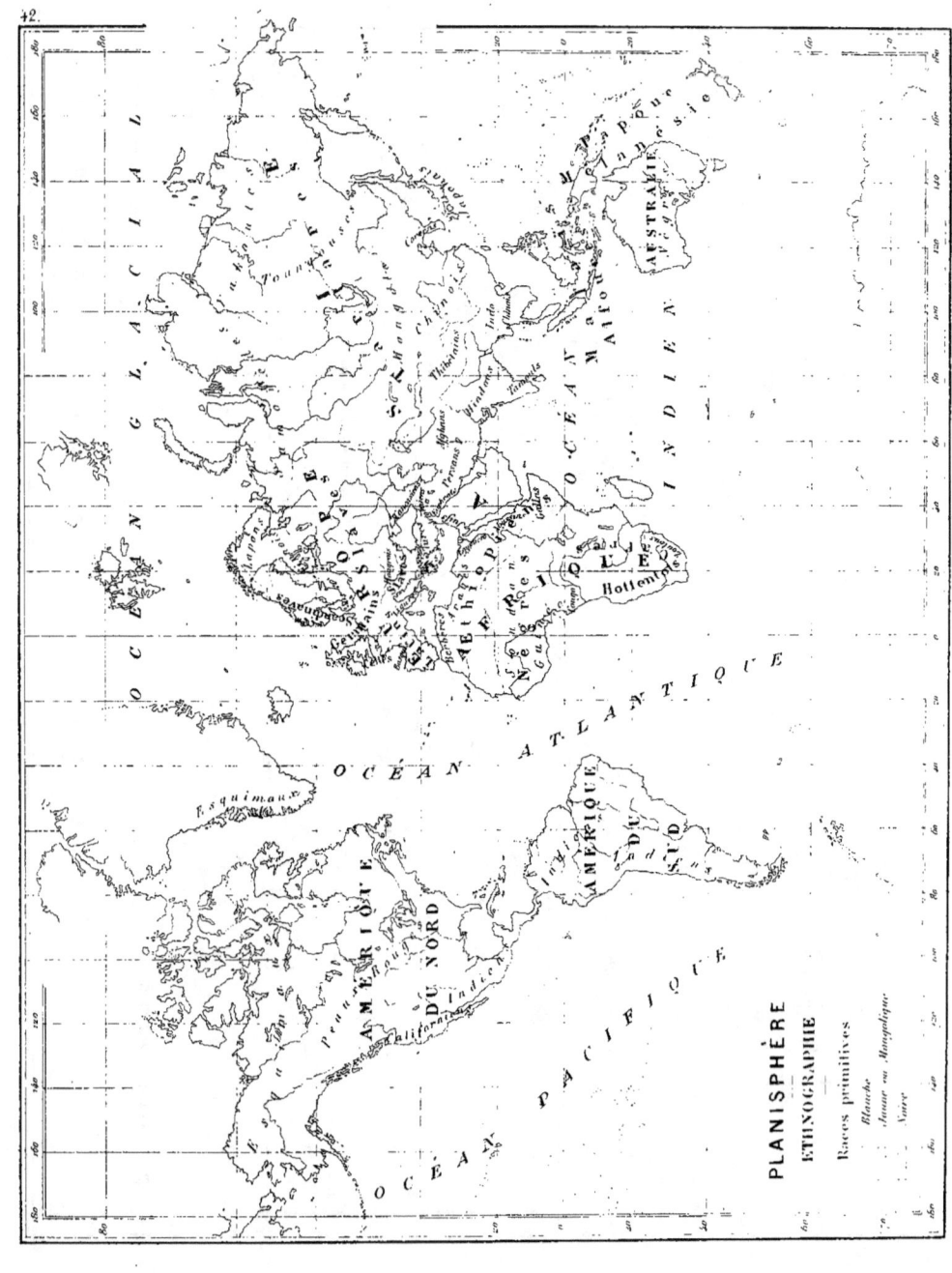

ETHNOGRAPHIE

Races. — La population du globe, que l'on peut estimer à 1 500 000 000 habitants se répartit entre **trois grandes races primaires :**
Blanche (600 millions).
Jaune (700 millions).
Noire (200 millions).
Subdivisées chacune en un certain nombre de familles :
1° **La race blanche** appelée autrefois **caucasique** (crâne rond, yeux horizontaux, nez saillant, bouche petite, chevelure fournie, couleur blanche; intelligence très développée, parvenue au plus haut degré de civilisation), habite l'Asie occidentale, l'Europe et le nord de l'Afrique, se divise en deux grandes familles :
Famille sémitique ou **araméenne** (Juifs et Arabes);
Famille japhétique ou **indo-européenne** qui se subdivise en deux branches : les *Asiatiques* (Persans, Afghans, Arméniens, Indiens, Tziganes ou Bohémiens ou encore Gitanos, Caucasiens) et les *Européens* qui comprennent quatre groupes : les Grecs (Hellènes, Albanais); les Latins (qui habitent l'Italie, la France, l'Espagne, la Roumanie et se sont transportés dans l'Amérique du centre et du sud); les Germains (comprenant les Allemands, les Anglo-Saxons de la Grande-Bretagne, des États-Unis et de l'Australie, les Scandinaves [Suédois, Norvégiens et Danois]); les Slaves divisés en Slaves bruns ou occidentaux (Polonais, Galliciens, Lithuaniens, Tchèques de Bohême) et Slaves blonds ou orientaux (Moscovites, Petits-Russes, Croates, Esclavons, Bosniaques, Serbes, Bulgares, Ruthènes).
On rattache en outre à cette race :
La **famille ibérienne** (Basques, Ligures, Corses, Sicanes).
La **famille celtique** (Bretons, Gallois, Écossais).
La **famille éthiopienne** ou **chamite** (Égyptiens, Abyssiniens, Gallas, Berbères qui habitent le nord de l'Afrique); certains auteurs considèrent cette famille comme se rattachant plutôt à la race noire qu'à la race blanche.
2° **La race jaune** ou **mongolique** (tête quadrangulaire, yeux bridés, nez camus, pommettes saillantes, oreilles grandes et détachées, chevelure noire, dure et rare, couleur variant du jaune au brun; intelligence assez développée, civilisation précoce mais subitement arrêtée) habite l'Asie centrale et orientale, se divise en deux grandes familles :
La **famille scythique** ou **tartare** (Mongols, Tongouses, Turcs, Tartares, Madgyars ou Hongrois, Finnois).
La **famille chinoise** (Chinois, Japonais, Coréens, Thibétains, Indo-chinois);
On rattache encore à cette race :
La **famille dravidienne** (Telingas, Tamouls et Malayâlas de l'Hindoustan, Chingalais de Ceylan);
La **famille malayo-polynésienne** (Malais, Polynésiens, Madécasses) issue du mélange de race jaune et noire;
La **famille américaine** appelée quelquefois **race rouge** (Californiens, Peaux-Rouges, Indiens du Mexique et de l'Amérique du Sud) issue des mélanges de Mongols, de Malais et de nègres;
Les familles laponne, samoyède, aléoute et esquimaude qui habitent les bords de l'Océan Glacial Arctique et auxquelles on donne encore le nom général de **race hyperboréenne** ou **boréale**.

3° **La race noire** (crâne allongé, comprimé et étroit surtout aux tempes, nez épaté, chevelure crépue, mâchoire forte, couleur variant du noir au brun; intelligence peu développée) habite la plus grande partie de l'Afrique et l'Océanie occidentale, se divise en six grandes familles :
Famille nègre proprement dite ou **takrourienne** (Afrique centrale et occidentale : Soudanais, nègres de Guinée et du Congo);
Famille Cafre, supérieure aux autres, (Afrique orientale : Cafres, Zoulous, Sofaliens);
Famille hottentote (Afrique méridionale : Hottentots, Boschimans);
Famille australienne (Gônds du Dekan, Veddahs de Ceylan, nègres de l'Australie);
Famille papoue (îles de la Mélanésie);
Famille alfoure (îles de la Malaisie).

Langues. — L'homme possède sur les animaux la faculté d'émettre des sons articulés, c'est-à-dire qu'il a le don du **langage**, don qui lui permet d'exprimer ses idées; trois époques marquent le développement des langues : le **monosyllabisme**, l'**agglutination** et la **flexion**. Les langues les plus parfaites ont passé par ces trois phases, d'autres se sont arrêtées à la seconde et quelques-unes seulement sont restées à la première.
Il y a donc trois classes de langues qui chacune renferme un grand nombre de dialectes formant très souvent comme des langues spéciales;
1° **Langues monosyllabiques** ou **isolantes** composées de monosyllabes : les mots sont de simples racines, jouant tout à la fois le rôle de substantif, d'adjectif et de verbe sans indication de personne, de genre, de nombre, de mode, etc., sans conjonctions ni prépositions. Ex. : le chinois, l'annamite, le thibétain.
2° Les **langues agglutinantes** ou **agglomérantes** dans lesquelles la phrase tout entière se groupe autour d'un mot, ordinairement le verbe, qui seul conserve son sens exact et sa valeur propre tandis que les autres mots servent à déterminer les conditions de personne, de genre, de nombre, de mode, etc., et s'ajoutent soit au commencement, soit à la fin du verbe. Ex. :
En Asie : tamoul de l'Inde, langues du Caucase, japonais, coréen, tartare, mandchou, mongol;
En Europe : basque, finnois, lapon, samoyède, turc;
En Afrique : langage des nègres, langues nilotiques;
En Océanie : langages des australiens et des malayo-polynésiens.
En Amérique : langages des Indiens.
3° Les **langues à flexion** dans lesquelles les mots se composent d'un radical invariable qui exprime l'idée principale et d'une terminaison qui est variable et indique le genre, le nombre, le mode, etc., de beaucoup les plus importantes, se divisent en :
Langues chamitiques : Copte (Égyptien), Abyssiniens des côtes Berbère ou Kabyle;
Langues sémitiques ou araméennes dont il ne reste plus en usage que l'hébreu et l'arabe.
Langues indo-européennes qui se divisent en huit branches :
Branche hindoue a pour origine le *sanscrit*, langue morte, que l'on a longtemps considérée comme la mère des langues indo-européennes (dialectes de l'Hindoustan);
Branche iranienne dérivée du *Zend*, langue morte (Arménien et Persan).
Branche hellénique (dialectes grecs);
Branche italo-pélasgique comprenant le pélasgique (Asie Mineure, Thrace, Épire), et l'italique dérivé du *latin*, langue morte (Italien, Français, Portugais, Roumain);
Branche celtique (Irlandais, Écossais, Gallois, Bas–Breton);
Branche germanique ou tudesque que l'on a cru longtemps avoir pour origine le *gothique*, disparu depuis le neuvième siècle et qui comprend aujourd'hui le *nordique* (langues scandinaves), le *bas-allemand* (hollandais, frison, flamand, anglais, allemand des provinces du Sud) et le *haut-allemand* ou *allemand littéraire;*
Branche lettique (prussien, lithuanien, livonien);
Branche slave (russe, bulgare, serbo-slovène, tchèque, polonais.

Religions. — Les **Religions** se divisent en quatre grandes catégories :
1° Les **monothéistes** (580 millions), qui n'admettent qu'un seul Dieu : *Judaïsme* (8 millions), *Christianisme* (400 millions), savoir : *Catholicisme* (200), *Protestantisme* (100), *Églises grecques* (90) *Église arménienne* (5), *Église monophysite* (5), *Islamisme* (172 millions).
2° Les **dualistes** qui admettent l'existence de deux divinités égales en puissance, *Mazdéisme* : Guèbres ou Parsis (120 000);
3° Les **polythéistes** (740 millions), qui admettent l'existence de plusieurs dieux.... *Brahmanisme* (200), *Bouddhisme* (400), *Fétichisme*, etc. (140);
4° Les **philosophiques** ou **rationalistes** (180 millions), qui ne font aucune part au surnaturel : Religions de *Confucius* (80) et de *Lao-Tsé* ou *du Tao* (100).

HISTOIRE DE LA GÉOGRAPHIE

PRINCIPALES DÉCOUVERTES

Nous ne connaissons pas encore complètement la surface de la Terre et pendant bien des siècles les peuples de l'antiquité et du moyen âge n'en ont eu que des notions très imparfaites sur une petite partie seulement.

Les Grecs, au temps d'Homère, considéraient notre planète comme un disque ayant la Grèce pour centre et entouré par le fleuve Océan, dans lequel le Soleil se plongeait chaque soir; il y avait deux grandes régions : l'une au N. côté de la Nuit, l'autre au S. côté du Jour, séparées par une vaste mer intérieure.

Plus tard, les voyages des *Phéniciens* et des *Carthaginois*, des *Grecs* conduits par Alexandre, les conquêtes des *Romains* dans le bassin de la Méditerranée et dans les contrées environnantes agrandirent le cercle des pays connus, mais ce ne fut qu'après les croisades que les relations avec les peuples de l'Orient firent entrer réellement la géographie dans une voie de progrès et qu'eurent lieu les premiers voyages importants entrepris par d'intrépides missionnaires ou marchands, les moines Nicolas Ascelin, Jean du Plan Carpin, Rubruquis et surtout le Vénitien Marco-Polo (1271-1293), qui firent connaître l'Asie orientale.

La fortune prodigieuse que fit Venise en profitant de ces nouvelles relations commerciales excita l'envie des autres peuples maritimes et fut la cause des découvertes encore plus importantes qui furent faites pendant le quinzième siècle.

Les *Portugais*, sous les généreux auspices de l'infant don Henri cherchèrent à aller aux Indes en contournant l'Afrique; ils s'emparèrent d'abord des îles Açores, Madère, Canaries, que les Dieppois avaient déjà visitées; Barthélemy Diaz, découvrit en 1486, l'extrémité méridionale de ce continent à laquelle il donna le nom de **Cap des Tempêtes**, que le roi Jean II changea en celui de Cap de Bonne-Espérance et **Vasco de Gama**, en 1497, eut l'honneur de le doubler le premier et d'arriver à Calicut sur la côte de l'Inde.

Le système commercial du moyen âge était changé. Les navires de l'Occident allaient remplacer les caravanes de l'Orient.

A la même époque, les *Espagnols*, sous la conduite de l'illustre Génois **Christophe Colomb**, qui cherchait vers l'O. une route plus courte et plus directe pour aller aux Indes, découvrirent, en 1492, les premières terres du continent auquel on donna ultérieurement le nom d'**Amérique** après la relation du voyage qu'y fit le Florentin Améric Vespuce; presque dans le même temps Jean et Sébastien Cabot, Vénitiens au service de l'Angleterre, découvrirent Terre-Neuve, le golfe du Saint-Laurent et le Labrador, tandis que le Portugais Cabral, successeur de Vasco de Gama, poussé par la tempête, abordait sur les côtes du Brésil (1500).

Pendant le seizième siècle, les Portugais continuèrent leurs découvertes en Orient et fondèrent sous la conduite d'Albuquerque et de ses successeurs un immense empire colonial en Afrique, en Asie, en Malaisie jusqu'en Chine, pendant que les Espagnols s'emparaient de l'Amérique centrale : Balboa, gouverneur de la colonie du Darien découvre la *mer du Sud* en 1513; Fernand Cortez conquiert le Mexique (1520); Pizarre le Pérou (1527-1533); Almagro le Chili (1536) et Orellana le bassin du fleuve des Amazones (1541).

Magellan, Portugais au service de Charles-Quint, en cherchant un passage pour pénétrer dans la mer du Sud, trouva le détroit qui porte son nom et aborda dans l'*Océan Pacifique* qu'il traversa en découvrant de nouvelles terres; il fut tué aux îles Philippines; mais ses compagnons, revenant en Espagne par le détroit de Malacca et le Cap de Bonne-Espérance, achevèrent le **premier voyage autour du monde** (1519-1522).

C'est pendant ce même siècle que les Français (Verazzani et Jacques Cartier) et les Anglais (Walter Raleigh, Forbisher, Davis, Hudson, Baffin), reconnaissent le N.-O. de l'Amérique, que les Hollandais découvrent la mer Blanche, la Nouvelle-Zemble, le Spitzberg, etc. et que les Anglais (Drake, Cavendish) et l'Espagnol Mendana, parti de Lima, découvrirent les principaux archipels de la Polynésie.

Au dix-septième siècle les principales découvertes appartiennent aux Anglais (Terres arctiques, Océanie), aux Hollandais (détroit de Lemaire, cap Horn, Nouvelle-Hollande, Océanie) et aux Français (Champlain au Canada, Cavalier de la Salle, découvre le Mississipi et donne au bassin de ce fleuve le nom de Louisiane en l'honneur de Louis XIV).

Au dix-huitième siècle, les Anglais Anson, Byron, Wallis, Cook, tué aux îles Sandwich en 1779, Vancouver, Bass, les Français Bougainville, La Pérouse qui fit naufrage à l'île Vanikoro (1788), d'Entrecasteaux et les Russes sous la conduite du Danois Behring, parcourent le Grand Océan pendant que de savants voyageurs exploraient l'Asie : Chardin, Tavernier, Tournefort en Perse, Niebuhr en Mésopotamie et en Arabie, Pallas en Sibérie, les Jésuites en Chine.

A la fin de ce siècle les contours des continents et des îles étaient presque tous connus et il ne restait plus qu'à en étudier l'intérieur. Cette tâche, le dix-neuvième siècle l'a entreprise, de hardis voyageurs s'y sont attelés et chaque jour leurs découvertes apportent à la science et au commerce de précieux renseignements.

En Afrique. — L'*Égypte* et l'*Algérie* ont été étudiées en détail par les Français;

Le *Soudan* et le *Sahara*, par Mungo-Park, Denham Clapperton, René Caillé, qui le premier fit connaître la ville de Tombouctou, les frères Lander, Barth et Vogel et Nachtigal;

La *Sénégambie* par Faidherbe, Mage et Quentin;

Le *bassin du Nil* et les *grands lacs*, par Speke, Grant, Burton, Baker, Schweinfurt, Gordon;

L'*Abyssinie*, par d'Abbadie, Guillaume Lejean et l'expédition des Anglais contre le négus Théodoros;

L'*Afrique australe*, par Ladislas Magyar, Livingstone, Stanley, Caméron, Compiègne, Marche, Savorgnan de Brazza, le major Serpa-Pinto;

L'*Afrique orientale*, par Krapf, Rebmann, Von der Decken et de nombreux missionnaires;

Madagascar, par Grandidier et les missionnaires;

En Asie. — Le *bassin du Tigre* a été étudié par Taylor;

La *Perse*, par Flandin;

La *Chine* et le *plateau central*, par les missionnaires Huc, Palladius, Richtoffen, Vambéry, Prjewalski, de Ujfalvy, Bonvallot et Capus;

Le *Turkestan* et la *Sibérie*, par Wrangel, Humboldt, Mourawief et les généraux russes qui en firent la conquête;

L'*Inde*, par Burnes, Jacquemont, Everest, Montgomery, les frères Schlagintweit;

L'*Arabie*, par Palgrave;

Le *Mé-kong*, par de Lagreé, de Carné, Fr. Garnier, Delaporte, Harmand.

Enfin de nombreux voyageurs ont parcouru l'*Asie Mineure*, la *Syrie* et, maintenant que la *Chine* et le *Japon* ne sont plus fermés aux Européens, nous ne tarderons pas à connaître presque complètement tous les pays habitables de ce continent.

En Amérique. — Les *Monts Rocheux* ont été explorés par Pike, Long, Frémont;

Le *Mexique*, par Humboldt, Charnay;

Le *Brésil*, par Agassiz, Liais, Durand, Marcoy, Mouchez, Crevaux;

Les *Andes*, par Humboldt, d'Orbigny, Cl. Gay, Pissis, Wiener;

La *Patagonie*, par Guinard.

En Océanie. — L'*Australie* a été explorée par Macquarie, Eyre, Mac Donall, Stuart, les frères Grégory, Burke, Wils.

La *Malaisie*, par Mme Pfeiffer, Russell-Wallace, le comte de Beauvoir;

La *Nouvelle-Calédonie*, par J. Garnier, Bouquet de la Grye.

Le pôle **Nord** a été exploré par Parry, John et James Ross, John Franklin qui y a péri ainsi que Bellot, Kennedy, Kane, Morton, Mac-Clure, Mac-Clintock, Hayes, Hall, Long, Markham et Nordenskiold.

Le pôle **Antarctique**, par Dumont d'Urville, James Ross, Biscoe, Balleny.

Il ne reste plus qu'à connaître l'intérieur de l'Australie, de la Nouvelle-Zélande, de Bornéo, de plusieurs grandes îles de l'Australie et de l'Afrique australe entre le Soudan et le Zambèze, à compléter l'étude du pôle Nord et à essayer celle du pôle Sud.

22933. — Imprimerie Lahure, 9, rue de Fleurus, à Paris.

NOUVELLE MÉTHODE
DE
GÉOGRAPHIE ET DE CARTOGRAPHIE
PAR

G. PAULY & **HAUSERMANN**
Officier d'Instruction publique | Officier d'Académie

FORMAT UNIFORME DES ATLAS IN-4° COURONNE (23×18)

ENSEIGNEMENT PRIMAIRE

ÉLÈVES	**Cours préparatoire.** — Atlas contenant 8 cartes, 30 pages de texte et 132 figures ou dessins	» 65
	Cours élémentaire. — Nouvelle édition contenant 38 pages, 14 cartes et 22 figures	1 »
	Cours moyen. — 68 pages, 25 cartes, 13 figures et 16 aquarelles de Eug. Cicéri	1 50
LIVRES DES MAITRES	**Cours préparatoire**	1 25
	Cours élémentaire	1 »
	Cours moyen	1 70

ENSEIGNEMENT PRIMAIRE SUPÉRIEUR ET ENSEIGNEMENT SECONDAIRE

Atlas universel. Nouvelle édition . . . . 6 »
    Lequel contient les trois parties suivantes :
Le Ciel et la Terre. — Géographie générale et cosmographie . . 1 05
La France et ses colonies. (Nouvelle édition) 3 15
Le Monde moins la France 2 10
Le Cours supérieur de Géographie, *nouvelle édition*, se subdivise en **14 cahiers-atlas**, contenant 8 cartes et un minimum de 8 pages de texte. — Prix du cahier . » 30
    Toutes les cartes sont tirées en chromolithographie (7 couleurs)
Des cahiers muets correspondent à chacun des **cahiers-atlas**.
Ces cahiers, qui contiennent les mêmes cartes que les cahiers écrits portant leur numéro, possèdent en outre, en regard de chaque carte, une projection destinée à la reproduction par l'élève de la carte correspondante. — Prix du cahier . . . . » 10
Deux autres cahiers muets comprennent toutes les cartes et figures des atlas primaires. — Les deux cahiers . . . . » 20
Cours élémentaire, première édition, est maintenue à . . . » 70
La France et ses colonies, première édition est maintenue à . 2 10
    Elle se complète par :
La France économique, à 1 10

Une **Notice géographique** de chacun des départements, reliée avec les différents atlas du cours ou vendue séparément sous couverture forte . » 30
La même, cartonnée . . . . » 40

Ces notices, fort complètes, contiennent une **Carte physique** du département avec coloris et division par arrondissements et une **Carte politique** avec coloris et division par cantons.

VIENT DE PARAITRE :
Carte historique de la France, par A. GERVAIS (*Tableau mural* de 1m75 sur 1m50). Prix : **20 francs**.
Notre carte nouvelle n'a pas de similaire. Nous l'envoyons en communication à tous les établissements qui nous en font la demande. Les frais de retour sont à notre charge.